Elli Siebenschläfer entdeckt Weihnachten

Dieses Buch funktioniert wie ein Adventskalender:
An jedem Tag vom 1. bis zum 24. Dezember kann eine Seite mit einer neuen spannenden Geschichte geöffnet werden, am besten mit einem Brieföffner oder Lineal.

Viel Spaß beim Lesen und Zuhören!

Anna Lott
hat viele Jahre als Redakteurin im öffentlich-rechtlichen Rundfunk gearbeitet, bevor sie sich mit Kopf, Herz und Verstand dem Schreiben und Erfinden von Geschichten widmete. Sie lebt mit ihrer Familie in Bremen.

Elisa Vavouri
studierte in ihrer Geburtsstadt Athen Kunst & Grafikdesign und Malerei am Vakalo Art and Design College. Seit 1995 illustriert sie Kinderbücher. 2005 und 2010 wurde Elisa Vavouri für den griechischen Nationalpreis für Illustration nominiert. Inzwischen hat sie mehr als 65 Bücher für Verlage auf der ganzen Welt illustriert. Außerdem wurden ihre Arbeiten in vielen Ländern ausgestellt. Mit ihrer Familie lebt sie in Neuss.

Arena

Ein Verlag in der westermann GRUPPE

MIX
Papier aus verantwortungsvollen Quellen
FSC® C110508
FSC www.fsc.org

1. Auflage 2020

Rottendorfer Straße 16, 97074 Würzburg

Cover und Innenillustration: Elisa Vavouri
Gesamtherstellung: Westermann Druck Zwickau GmbH
Printed in Germany

ISBN 978-3-401-71569-8

Besuche den Arena Verlag im Netz:
www.arena-verlag.de

Anna Lott · Elisa Vavouri

Elli Siebenschläfer entdeckt Weihnachten

Arena

Inhalt

Das Geschenk

Klacker-di-klong!
Pang!
Pong!

Elli Siebenschläfer öffnet ihre Augen. Was war denn das? Ist etwa der Winterschlaf schon vorbei? Sie schaut zu Mama und Papa Siebenschläfer neben sich. Doch die schlafen tief und fest. Und wie sie schnarchen!

»Pffff!«, macht Mama.

»Harrrrr!«, macht Papa.

Elli springt aus ihrem kuscheligen Blätterbett, öffnet vorsichtig die Tür und schaut aus der Familienhöhle hinaus. Unter einem Busch ist ein buntes Schillern zu sehen. Als Elli sich leise heranschleicht, kann sie erkennen, dass es ein Geschenk ist. Es ist nämlich mit einer roten Schleife umwickelt. Elli nimmt es in die Pfoten und betrachtet es genauer.

»Für Kasi Hasi zu Weihnachten« steht in goldenen, verschnörkelten Buchstaben darauf.

Elli schaut sich um. Sie sieht die Bäume und Felsen um sich herum. Alles ist weiß und glitzerig, als habe jemand Puderzucker darübergestreut. Das muss Schnee sein! Die Grasbüschel, das Gestrüpp und die Zweige der Bäume strahlen und funkeln. Noch niemals zuvor hat Elli den Wald so schön gesehen. Hat sie das etwa Jahr für Jahr verschlafen?

Kasi Hasi ist jedoch nirgends zu sehen.

»Kasi Hasi! Bist du da?«, ruft Elli.

Doch niemand antwortet.

Seltsam, seltsam.

Elli schaut das Geschenk an. Sie lauscht daran. Sie schüttelt es ein bisschen.

Dann liest sie erneut, was darauf steht. *»Für Kasi Hasi zu Weihnachten«.*

Seltsam, seltsam. Nachdenklich kratzt Elli sich an ihrem strubbeligen Kopf. Was bedeutet »Weihnachten«? Noch nie in ihrem Leben hat Elli etwas davon gehört.

»Es ist bestimmt sehr wichtig«, denkt sie. Und dann denkt sie:

»Wenn Kasi Hasi das Geschenk nicht bekommt, wird er sicher traurig sein.«

Und ganz am Schluss denkt sie: »Wenn ich mich jetzt schlafen lege, kann ich vor lauter Aufregung sowieso nicht einschlafen.«

Also geht sie zurück in ihre Höhle und steckt das Geschenk in ihren Rucksack, schnallt sich diesen auf den Rücken und macht sich auf den Weg, um Kasi Hasi zu finden. Und um herauszufinden, was es mit Weihnachten auf sich hat.

1. Dezember

»Kasi Hasi! Kasi Hasi! Wo bist du? Ich habe ein Geschenk für dich!« Eilig läuft Elli Siebenschläfer durch den Wald. Schließlich bleibt sie stehen und lauscht. War da nicht gerade ein Geräusch? Tatsächlich! Da singt jemand! Ob das Kasi Hasi ist?

Konrad Hirsch und das Weihnachtslied

Kling, Glöckchen, klingelingeling, kling, Glöckchen, kling! Lasst mich ein, ihr Kinder, ist so kalt der Winter. Öffnet mir die Türen, lasst mich nicht erfrieren!«, hallt es tief und röhrend durch den Wald. Die Zweige der Bäume zittern und feiner Schneestaub rieselt auf Elli hinab. Neugierig folgt sie dem lauten Gesang.

Als Elli an eine Lichtung gelangt, sieht sie, dass es ein Hirsch ist, der da singt. Er steht auf einem flachen, schneebedeckten Stein und auf seinem Kopf trägt er ein verästeltes Geweih, das fast noch größer ist als er selbst. An dem Geweih hängt eine kleine rote Glitzerkugel, die aussieht, als würde sie zum Gesang des Hirsches tanzen. Als der Hirsch Elli bemerkt, hört er auf zu singen und ruft freundlich:

»Guten Morgen, guten Morgen! Wer bist denn du?«

»Guten Morgen. Ich bin Elli Siebenschläfer und ich habe ein Geschenk für Kasi Hasi. Bist du das?«, fragt Elli.

Der Hirsch schüttelt seinen großen Kopf und die Glitzerkugel an seinem Geweih fliegt so rasch hin und her, dass sie wie ein Glöckchen leise klingelt.

»Nein, ich bin Konrad«, sagt er. Und stolz fügt er hinzu:

»Ich übe Weihnachtslieder!«

»Weihnachtslieder? Was ist denn das?«, fragt Elli neugierig.

Konrad schaut sie verblüfft an.

»Du kennst keine Weihnachtslieder?«

»Nein. Normalerweise schlafe ich zu dieser Zeit. Bis zum Frühling!«, erklärt sie.

»Aber das ist ja schrecklich! Dann kennst du ja auch Weihnachten gar nicht!«, ruft Konrad.

»Was ist Weihnachten?«, fragt Elli.

»Am Weihnachtstag feiern viele Tiere des Waldes die Geburt des Jesuskindes. Mit den Weihnachtsliedern zeigt man, wie sehr man sich freut«, erklärt Konrad ihr.

Und bevor Elli noch weitere Fragen stellen kann, streckt er auch schon seine Schnauze in die Luft und beginnt erneut zu singen.

Elli klatscht begeistert in ihre Pfoten.

»Wie schön, wie schön! Darf ich mitmachen?«, ruft sie.

»Aber natürlich! Zu zweit macht es viel mehr Spaß!«, strahlt Konrad.

Also singen Elli Siebenschläfer und Konrad Hirsch zusammen. Und damit es noch schöner klingt, klingelt Elli passend zum Lied mit der kleinen roten Glitzerkugel den Takt dazu.

»Kling, Glöckchen, klingelingeling, kling, Glöckchen, kling! Lasst mich ein, ihr Kinder, ist so kalt der Winter. Öffnet mir die Türen, lasst mich nicht erfrieren!«

Das Singen macht so großen Spaß, dass Elli ganz und gar das Geschenk für Kasi Hasi vergisst. Erst als es Abend wird und die Sonne hinter der Lichtung verschwindet, fällt es ihr wieder ein.

»Konrad, weißt du, wo Kasi Hasi wohnt?«, fragt Elli.

Der große Hirsch schüttelt den Kopf und denkt eine Weile nach. Schließlich sagt er:

»Geh zur Eule Schuhu. Sie ist sehr klug und kennt alle Tiere des Waldes. Ich bringe dich gerne zu ihr.«

Elli klettert in Konrads Geweih und der große Hirsch trabt los. Hu, wie das ruckelt und schuckelt! Das ist so gemütlich, dass Elli müder und müder wird. Schließlich fallen ihr die Augen zu und sie schläft ein.

2. Dezember

»Aufwachen, wir sind da!«

Verschlafen reibt sich Elli Siebenschläfer die Augen und rutscht von Konrads Geweih hinab.

»Dort oben wohnt die Eule Schuhu. Sie weiß bestimmt, wo du Kasi Hasi findest.«

Konrad zeigt zu einem Baum, der so alt und wurzelig aussieht, als stünde er auf dem Kopf.

»Aber bevor du zu ihr kletterst, habe ich noch etwas für dich. Hier!«

Konrad schüttelt die kleine rote Glitzerkugel von seinem Geweih und Elli fängt sie geschickt auf. »Danke!«, ruft sie glücklich und macht sich auf den Weg zur Eule Schuhu.

3. Dezember

Als es hell wird, wacht Elli auf. Die Eule Schuhu schläft noch immer tief und fest neben ihr im gemütlichen Nest. Weil Elli sie nicht wecken möchte, schleicht sie leise durch die Höhle. Am Ausgang entdeckt sie einen kleinen Adventskranz. Daran hängt ein Kärtchen und darauf steht: *»Für Elli Siebenschläfer. Gute Reise!«*

Elli packt den Kranz in ihren Rucksack und klettert den knorrigen Baum hinab. Ob sie Kasi Hasi in der Höhle am Ende des Waldes findet?

vier Sonntagen vor Heiligabend wird eine Kerze nach der anderen angezündet und wenn schließlich alle vier Kerzen brennen, ist Heiligabend. Kennst du das Adventsgedicht?«

Elli schüttelt den Kopf. Die Eule Schuhu holt tief Luft und breitet ihre Flügel aus. Dann sagt sie feierlich:

»Advent, Advent, ein Lichtlein brennt. Erst eins, dann zwei, dann drei, dann vier. Dann steht das Christkind vor der Tür.«

Elli klatscht begeistert in ihre Pfoten. Sie kann es kaum erwarten, den Adventskranz zu basteln. Gemeinsam mit der Eule Schuhu verflicht sie die Zweige, das Heu und das Stroh zu einem runden Kranz. Dann verzieren sie diesen mit Bucheckern, Eicheln und vielen weißen Federn. Zu guter Letzt stecken sie vier Kerzen darauf fest. Als es Abend wird, ist der Adventskranz fertig.

»So einen schönen Adventskranz hatte ich noch nie. Danke, liebe Elli. Ohne dich hätte ich es niemals geschafft!«, strahlt die Eule Schuhu.

»Gern geschehen!«, ruft Elli glücklich.

Sie hängen den Kranz in den obersten Wipfel des Baumes und die Eule Schuhu zündet die erste Kerze an. Zufrieden sagt sie:

»Nun wissen alle Tiere des Waldes, dass bald Weihnachten ist.«

Mit einem Mal merkt Elli, dass sie entsetzlich müde ist. Da fällt ihr plötzlich das Geschenk für Kasi Hasi wieder ein. Das hatte sie beim Basteln ganz vergessen!

»Eule Schuhu, weißt du, wo ich Kasi Hasi finde?«, fragt Elli. Die Eule Schuhu nickt und antwortet: »Bestimmt wohnt er in der Höhle am Ende des Waldes. Doch der Weg dorthin ist lang. Und wie ich sehe, bist du sehr müde!«

Elli nickt gähnend. Also bereitet die Eule Schuhu Elli ein gemütliches Nest aus Moos und Zweigen und deckt sie mit einer großen Feder zu.

»Schlaf gut, Elli Siebenschläfer!«, schuhut die Eule Schuhu. Aber Elli ist längst eingeschlafen.

Die Eule Schuhu und der Adventskranz

Eule Schuhu! Eule Schuhu! Wo bist du?«, ruft Elli und klettert den knorrigen Baum hinauf.

»Ich bin hier! Ich bin hier!«, antwortet eine rauchige Stimme.

Zu Ellis Erstaunen scheint die Stimme aus dem Inneren des Baumes zu kommen. Sie klettert einmal um den Stamm herum und gerade als sie denkt, dass sie sich vielleicht verhört hat, entdeckt sie zwischen zwei dicken Ästen einen langen Spalt. Neugierig lugt Elli hinein und sieht, dass sich dahinter eine Höhle verbirgt. Darin liegen Zweige, Eicheln, Bucheckern, Stroh und zu Ellis Verwunderung vier rote Kerzen. Mittendrin hockt eine aufgeplusterte braun-weiße Eule.

»Das hier nehme ich, das besser nicht. Aber wenn ich das Gras mit den Zweigen verflechte, sähe es womöglich schöner aus. Oder ich nehme die Bucheckern und die Eicheln«, murmelt die Eule nachdenklich.

»Hallo! Bist du die Eule Schuhu?«, fragt Elli Siebenschläfer.

»Eule Schuhu? Ja, die bin ich. Oder vielleicht doch nicht? Hach, in der Vorweihnachtszeit bin ich immer schrecklich durcheinander. Der erste Advent ist längst vorbei und ich habe noch immer keinen Adventskranz geflochten!«

Verzweifelt schlägt die Eule ihre Flügel aneinander und einige Strohhalme wirbeln durch die Luft.

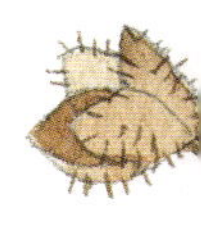

»Wie wäre es, wenn ich dir helfe?«, schlägt Elli Siebenschläfer vor.

»Das würdest du tun?«, fragt die Eule gerührt.

»Aber gerne doch!«, sagt Elli. »Vorher musst du mir jedoch erklären, was ein Adventskranz ist!«, fügt sie schnell hinzu.

»Aber gerne doch!«, lächelt die Eule. »Ein Adventskranz ist ein geflochtener oder gebundener Kranz. Darauf stehen vier Kerzen. An den

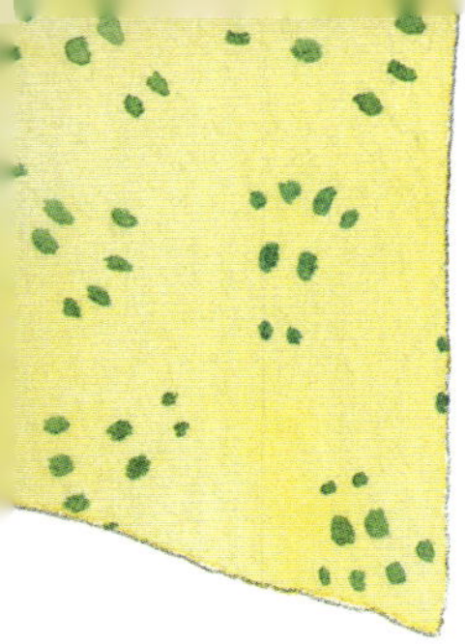

Frido Fuchs und das Geschenk

Schon bald kommt Elli am Ende des Waldes an. Dort ist eine Höhle, genau wie die Eule Schuhu gesagt hat.

»Kasi Hasi!«, ruft Elli in die Höhle hinein.

»Kasi Hasi!«, kommt es aus der Höhle zurück.

»Kasi Hasi!«, ruft Elli noch einmal, diesmal ein bisschen lauter.

»Kasi Hasi!«, kommt es ein bisschen lauter zurück.

Elli beginnt zu kichern. Was ist denn das?

»Das ist das Echo«, sagt mit einem Mal eine freundliche Stimme und ehe Elli sich's versieht, steht vor ihr ein Fuchs. Er ist deutlich größer als sie selbst. Zu ihrem Erstaunen hat er einen Pinsel hinter dem Ohr und sein Fell ist mit bunten Farbklecksen übersät.

»Kann ich dir helfen?«, fragt der Fuchs.

»Ich suche Kasi Hasi. Bist du das?«, fragt Elli Siebenschläfer.

»Nein, der bin ich nicht. Ich bin Frido, der fuchsigste Künstler des Waldes. Möchtest du meine Bilder sehen?«, fragt er.

»Oh ja, sehr gerne!«, ruft Elli. Neugierig folgt sie dem Künstlerfuchs in seine Höhle. Überraschend mündet sie am Ende in einen großen, hellen Raum. Darin befinden sich unzählige Bilder: große, kleine, runde, eckige. Einige hängen an der Wand, andere stehen auf dem Boden. Auf jedem ist Frido Fuchs zu sehen. Mal in Grün, mal in Blau, mal in Gelb und auf einem sogar in Rosarot.

»Warum malst du denn nur dich?«, fragt Elli erstaunt.

»Na, du stellst Fragen!«, meint Frido kichernd.

»Bald ist doch Weihnachten! Dann verschenke ich Bilder von mir an Mama Fuchs, an Papa Fuchs, an Oma Fuchs, an Opa Fuchs, an Baby Fuchs, an Tante Fuchs, …«

Der Fuchs zählt noch eine ganze Weile seine Verwandtschaft auf und

Elli begreift, warum er so viele Bilder in seiner Höhle hat. Es sind nämlich sehr, sehr viele Verwandte.

»Schenkst du deiner Familie immer ein Bild von dir zu Weihnachten?«, fragt sie neugierig. Frido nickt und erklärt:

»Ja, über Geschenke am Weihnachtsabend freuen sich alle sehr. Und damit sie sich noch mehr freuen, packe ich jedes Bild in buntes Geschenkpapier ein.«

»Darf ich die Geschenke einpacken?«, fragt Elli aufgeregt.

»Gerne!«, sagt Frido.

Er gibt Elli einen Pinsel und zieht viele weiße Papierbögen unter einer Wurzel hervor.

»Wir müssen das Papier noch bemalen«, erklärt er.

Begeistert verziert Elli die Papierbögen mit Sternen, Herzen, Fußabdrücken und auf einem der Geschenkbögen hinterlässt sie sogar Nasenabdrücke. Gemeinsam wickeln sie die fertigen Bilder darin ein.

»Und das ist für dich!«, sagt Frido Fuchs und hält ihr ein kleines Bild hin. Darauf ist Elli vor einem rosaroten Hintergrund zu sehen.

»Es ist wunder-, wunderschön! Vielen Dank!«, ruft Elli glücklich.

Sie öffnet ihren Rucksack, um das Bild darin zu verstauen. Da entdeckt sie das Geschenk für Kasi Hasi. Oje, das hatte sie vergessen!

Elli erzählt Frido, dass sie Kasi Hasi sucht, um ihm sein Geschenk zu geben. Dank dem Fuchs weiß sie ja jetzt, was es mit Weihnachtsgeschenken auf sich hat und wie wichtig es ist, dass Kasi Hasi es rechtzeitig bekommt.

Frido Fuchs ist sich sicher, dass Kasi Hasi bei den Fledermäusen ist.

»Sie wohnen ganz am Ende der Höhle. Aber gerade sind sie nicht zu Hause, erst morgen früh wieder«, sagt er.

Also übernachtet Elli in der Fuchshöhle. Der Fuchs macht ihr ein gemütliches Blätterbett und Elli schlüpft hinein.

»Morgen werde ich Kasi Hasi finden«, denkt sie. Und während sie das denkt, schläft sie ein.

4. Dezember

An diesem Morgen wird Elli Siebenschläfer von Frido Fuchs geweckt.

»Elli! Aufwachen!«, sagt er leise.

Weil es in der Höhle noch dunkel ist, braucht Elli eine Weile, um ihre Augen zu öffnen. Als sie schließlich wach ist, folgt sie Frido durch einen langen, unterirdischen Tunnel. Schließlich kommen sie an dessen Ende an und Frido Fuchs verabschiedet sich von ihr. »Viel Glück, liebe Elli!«, flüstert er. Und bevor Elli sich's versieht, ist er in der Dunkelheit verschwunden.

Die Fledermäuse und der Barbarazweig

Hu, wie dunkel es in der Höhle ist! Und wie feucht und kalt! Elli blickt sich ängstlich um. Wo sind bloß die Fledermäuse? Elli kann nicht eine einzige entdecken. Nicht an der Höhlenwand. Nicht auf dem Boden. Und auch nicht an der Decke. Dort hängen nur drei Vasen an langen Schnüren und baumeln ein wenig hin und her. Darin stecken Zweige, an denen viele schwarze Tücher befestigt sind. Seltsam, seltsam.

Da sieht Elli mit einem Mal, dass sich eines der Tücher bewegt. Was ist denn das? Elli schaut genauer hin und beginnt zu staunen. Das sind keine Tücher! Das sind Fledermäuse! Verkehrt herum hängen sie an den Zweigen und das sieht so lustig aus, dass Elli gar keine Angst mehr hat.

»Hallo, liebe Fledermäuse! Ist Kasi Hasi bei euch?«, ruft Elli.

»Pssst! Psst! Psst! Nicht so laut!«

Die Fledermäuse flattern kurz mit ihren schwarzen Flügeln, dann sind sie wieder ruhig. Elli hält die Luft an.

»Du musst ruhig sein, sonst können die Barbarazweige nicht blühen!«, flüstert eine Fledermaus. Sie ist zu Ellis Verwunderung so dunkel, dass nur ihre spitzen, weißen Zähnchen zu sehen sind.

»Barbarazweige? Was ist denn das?«, flüstert Elli.

»Pssst! Psst! Psst! Nicht so laut!«, flüstern die Fledermäuse.

Jetzt ist Elli neugierig. Also klettert sie an der Wand hinauf. Das ist nicht ganz einfach, denn die Steine sind feucht und glitschig und immer wieder rutscht sie aus und muss von Neuem beginnen. Es dauert sehr lange, aber schließlich hat sie es geschafft und hängt sich zu den Fledermäusen an einen Zweig. Das kribbelt und krabbelt so sehr im Bauch, dass Elli kichern muss.

»Psssssst!«, machen alle Fledermäuse erneut.

»Ich bin ja schon ruhig!«, flüstert Elli schnell. Dann ist sie wieder still. Mucksmäuschenstill.

Dabei schaut sie sich die Zweige, an denen sie hängen, genauer an. Erst jetzt bemerkt sie die unzähligen Knospen daran. Wie kleine weiße Murmeln sprießen sie aus den Zweigen hervor.

»Das ist aber nicht sonderlich spannend. Warum guckt ihr den Zweigen nicht im Frühling beim Blühen zu?«, flüstert Elli.

»Nicht spannend? Im Frühling? Aber das sind Barbarazweige. Die gibt es nur zu Weihnachten! Sag bloß, du weißt das nicht!?«, flüstern die Fledermäuse verdutzt durcheinander.

»Pssssst!«, macht eine besonders runde Fledermaus. Aber es hilft nichts, denn als Elli ihnen erzählt, dass sie normalerweise zu dieser Jahreszeit schläft, plappern sie erneut wild durcheinander:

»Heute ist der vierte Dezember! Heute ist Barbaratag! An diesem besonderen Tag schneiden wir Zweige von einem Apfelbaum. Oder von einem anderen Obstbaum. Die Zweige stellen wir in eine mit Wasser gefüllte Vase. Und dann warten wir! Manchmal blühen sie nämlich am Weihnachtsabend. Oder auch nicht.«

»Damit es noch spannender ist, wetten wir. Die einen wetten, dass sie blühen, die anderen wetten, dass sie nicht blühen. Und wer recht hat, gewinnt«, erklärt die besonders dunkle Fledermaus.

Mit einem Mal findet Elli es gar nicht mehr langweilig. Ganz im Gegenteil! Erwartungsvoll baumelt sie hin und her und beobachtet die Knospen der Barbarazweige. Da rutscht das Geschenk für Kasi Hasi aus ihrem Rucksack. Gerade noch rechtzeitig kann sie es auffangen. Kasi Hasi! Den hätte sie fast vergessen!

»Ich muss weiter!«, ruft sie.

Doch die Fledermäuse antworten nicht. Na, so was! Sie sind eingeschlafen! Da merkt auch Elli, dass sie schrecklich müde ist. Und obwohl sie kopfüber von der Decke hängt, schläft sie ein.

5. Dezember

Als Elli Siebenschläfer an diesem Morgen aufwacht, hängt sie noch immer kopfüber unter der Decke der Fledermaushöhle. »Guten Morgen, liebe Elli. Wir haben etwas für dich!«, flüstern die Fledermäuse und die Fledermaus mit den besonders weißen Zähnchen hält ihr einen kleinen Kirschbaumzweig hin. »Ein Barbarazweig! Danke!«, jauchzt Elli und klettert von der Decke hinab. »Pssssssssst!«, machen die Fledermäuse streng. Aber Elli ist schon losgelaufen. Ob sie Kasi Hasi heute findet?

Gesine Gämse und das Adventsblasen

Als Elli Siebenschläfer aus der Höhle tritt, sieht sie verwundert, dass sie sich hoch oben auf einem Berg befindet. Der Wind bläst ihr sanft um die Ohren und kleine Schneeflocken kitzeln sie an der Nase.

Mit einem Mal hört Elli ein lautes Brummen. Was ist denn das? Ist das eine Hummel? Mitten im Winter?

»Brrrrrrrrrrrrrrrr!«, macht es.

Der Felsen, auf dem Elli steht, beginnt ein wenig zu wackeln. Als Elli erschrocken zur Seite springt, entdeckt sie hinter sich einen langen Holzstamm.

»Brrrrrrrrrrrrrrrr!«, schallt es daraus hervor.

Elli betrachtet den Baumstamm genauer und sieht, dass es ein langes, hölzernes Horn ist. Und es brummt, weil eine Gämse hineinbläst!

Als die Gämse Elli bemerkt, lässt sie das Horn sinken und lächelt sie an.

»Grüß Gott, kleines Siebenschläfermädchen. Was hat dich denn zu mir, der Gämse Gesine, in die Berge verschlagen?«, fragt sie freundlich.

»Ich suche Kasi Hasi. Ich habe nämlich etwas für ihn. Weißt du, wo ich ihn finde?«

Elli zieht das Geschenk aus ihrem Rucksack und zeigt es der alten Gämse.

»Hm«, macht diese und streicht sich nachdenklich über ihr Kinn.

»Wenn du ein bisschen wartest, helfe ich dir, Kasi Hasi zu finden. Aber erst muss ich noch meine Arbeit tun.«

Die Gämse holt tief Luft. Dann bläst sie so durchdringend in ihr langes Horn, dass Elli fast vom Felsen fällt, so sehr wackelt es.

»Warum machst du das?«, ruft Elli.

Gesine Gämse spielt noch eine Weile, dann lässt sie das Horn sinken.

»Das, was ich hier mache, ist eine alte Tradition des Musikmachens. Es ist ein alter Weihnachtsbrauch. Man nennt es Adventsblasen«, erklärt sie Elli.

»Darf ich auch mal blasen?«, fragt Elli.

»Aber natürlich!«

Gesine Gämse hält ihr das Horn hin.

Elli pustet hinein, doch nur ein kieksiger Ton kommt heraus.

»Krieksikieeeek!«, macht es.

»Das Adventsblasen ist nicht einfach. Um Töne aus dem Horn zu bekommen, muss man lange üben«, sagt die Gämse lächelnd.

»Lange üben? Das kann ich«, ruft Elli.

Sie bläst und bläst den ganzen Tag und die Gämse zeigt ihr, wie sie ihren Mund an das Horn drücken muss und wie sie Luft holt, ohne dass das Brummen verschwindet. Als schließlich die Sonne hinter den Bergen verschwindet und es Abend wird, hat Elli es geschafft. Laute, tiefe, gleichmäßige Töne kommen aus dem hölzernen Horn.

»Brrrrrrrrrrrrrrr!«, brummt es zwischen den Felsen hervor. Die Gämse muss sich mit einem Huf am Felsen festhalten, so sehr wackelt es.

»Wunderbar! Das Üben hat sich gelohnt!«, ruft sie.

Am liebsten würde Elli noch den ganzen Abend und die ganze Nacht weiterspielen, aber die alte Gämse schüttelt den Kopf.

»Elli, jetzt ist es Abend und meine Arbeit ist vorbei. Jetzt kann ich dir helfen, Kasi Hasi zu finden«, sagt sie. Und dann fügt sie noch hinzu: »Spring auf! Ich bringe dich hinab zum Fluss!«

Elli klettert auf Gesines Rücken und diese klettert mit Elli die steinigen Felsen hinab.

Und während es dunkler und dunkler wird und schließlich nicht ein einziger Sonnenstrahl mehr zu sehen ist, schläft Elli Siebenschläfer ein.

6. Dezember

Als Elli Siebenschläfer an diesem Morgen wach wird, strahlt ihr die Sonne ins Gesicht. Sie merkt, dass sie auf einem warmen Stein am Fluss liegt. Sie schaut sich nach Gesine Gämse um, doch diese ist nirgends zu sehen. Stattdessen liegt neben ihr eine kleine Flöte aus Holz. Daran hängt ein Zettel und auf dem steht: »Liebe Elli, die Flöte ist für dich, als Erinnerung. Ich muss schnell zur Arbeit, aber Wuschi Waschbär kann dir weiterhelfen. Liebe Grüße, deine Gesine Gämse.« Glücklich steckt Elli die Flöte in ihren Rucksack. Dann schaut sie sich nach Wuschi Waschbär um.

Wuschi Waschbär und der Nikolaus

Seltsam, seltsam. Zu Ellis Erstaunen ist Wuschi Waschbär nirgends zu sehen. Stattdessen sieht Elli unzählige Stiefel. Sie stehen auf einem großen Stein am Rande des Flusses. Sie sind alt und neu, groß und klein und funkeln blitzeblank im Licht der strahlenden Sonne. Neugierig schleicht sich Elli näher heran.

»Hallo? Ist jemand da?«, ruft sie.

Ein grauer Wuschelkopf kommt hinter dem Stein hervor. Doch genauso schnell, wie er hervorgekommen ist, ist er auch schon wieder verschwunden. Vorsichtig lugt Elli hinter den Stein und betrachtet das graue, strubbelige Wesen, das dort hockt. Zu ihrem Erstaunen hat es seine schwarzen Pfoten fest vor die Augen gedrückt.

»Hallo? Bist du Wuschi Waschbär?«, fragt Elli neugierig.

»Ja. Aber ich bin nicht da!«, ruft das wuschelige Wesen.

»Warum versteckst du dich?«, fragt Elli verdutzt.

»Weil, weil, hach, jetzt hast du mich erwischt!«, stöhnt Wuschi Waschbär.

Er springt hinter dem Stein hervor, verbeugt sich und sagt höflich:

»Ich bin immer artig gewesen und ich habe alles immer gut gewaschen. Und meine Stiefel habe ich auch poliert! Schau mal!«

Elli schaut den kleinen Waschbären verwundert an.

»Du hast deine Stiefel für mich poliert? Aber warum denn das?«

»Bist du etwa nicht der Nikolaus?«, quiekt Wuschi Waschbär entsetzt.

Elli schüttelt den Kopf. Und bevor sie sich's versieht, hat der kleine Waschbär sie auch schon mit sich hinter den Stein gezogen.

»Wenn du nicht der Nikolaus bist, dann kommt er noch. Er besucht die Tiere des Waldes, die besonders artig gewesen sind. Und zur Belohnung legt er ihnen Süßigkeiten in die polierten Stiefel!«

Elli ist mit einem Mal ganz aufgeregt. Unbedingt möchte sie den Nikolaus sehen! Ob er ihr auch etwas mitbringt?

»Leihst du mir einen von deinen Schuhen?«, fragt sie leise.

Wuschi Waschbär denkt eine Weile nach, dann nickt er.

»Du kannst den Babyschuh haben. Aber alle anderen Schuhe sind für mich.«

»Einverstanden!«, sagt Elli Siebenschläfer.

Also warten sie zusammen. Es kommt Elli vor wie eine Ewigkeit und gerade als sie schon meint, dass Wuschi Waschbär sich das mit dem Nikolaus bloß ausgedacht hat, beginnt es von jetzt auf gleich kräftig zu stürmen. Wie ein weißer Schwarm Bienen wirbeln die Schneeflocken durch die Luft. Mehr und mehr werden es und schließlich sind es so viele, dass Elli und Wuschi Waschbär die Augen schließen müssen, damit die Schneeflocken sie nicht piksen können.

Als Elli die Augen wieder öffnet, ist der Sturm vorbei.

Stattdessen sind die Schuhe auf dem Stein über und über mit Süßigkeiten, Nüssen und Mandarinen gefüllt.

»Hurra! Der Nikolaus war da!«, ruft Wuschi Waschbär glücklich und wirft sich eine Handvoll Schokoladennüsse ins Maul.

»Köschtlich!«, schmatzt er.

Auch Elli beginnt zu naschen. Oh, wie lecker alles schmeckt! Mit geschlossenen Augen raten Wuschi Waschbär und sie, was sie alles verputzen. Sind es Nüsse? Schokolade? Mandarinen? Als Elli ihre Augen öffnet, merkt sie, dass es inzwischen dunkel geworden ist. Alle Süßigkeiten sind verschwunden und nur noch Ellis kleiner Schokoladennikolaus in ihrem Babyschuh ist übrig geblieben.

Als sie ihn in ihren Rucksack steckt, sieht sie plötzlich das Geschenk für Kasi Hasi. Das hatte sie ganz und gar vergessen! Elli beschließt, Kasi Hasi am nächsten Tag zu suchen. Sie macht es sich in der Höhle von Wuschi Waschbär gemütlich und schläft satt und zufrieden ein.

7. Dezember

Als Elli Siebenschläfer an diesem Morgen in der Waschbärenhöhle wach wird, ist es noch dunkel. Wuschi Waschbär schläft tief und fest und er ist so in sich zusammengekringelt, dass Elli gar nicht erkennen kann, wo bei ihm vorne und wo hinten ist.

»Tschüss, Wuschi Waschbär! Ich muss weiter, damit Kasi Hasi pünktlich zu Weihnachten sein Geschenk bekommt«, flüstert Elli in den wuscheligen Pelz. »Das ist gut!«, brummt Wuschi Waschbär. Kichernd schnallt Elli sich ihren Rucksack auf den Rücken und wandert los.

Arni Adler und das Großreinemachen

Am Rande des Waldes verschnauft Elli ein wenig. Da hört sie jemanden rufen: »Ist das langweilig! Oh, es ist so langweilig!«

Seltsam, seltsam. Die Stimme kommt aus einer großen grauen Wolke, die über ihrem Kopf in den Wipfeln der Bäume umherwirbelt.

»Du da in der Wolke, bist du Kasi Hasi?«, ruft Elli.

»Kasi Hasi? Nein, nein, nein! Ich bin doch kein Kasi Hasi! Ich bin Arni, der König der Lüfte. Der größte und beste und schnellste und schönste Adler auf der ganzen Welt!«

Im nächsten Augenblick ist ein lautes Flattern zu hören und ein prächtiger Adler schwebt zu Elli hinab. Seine Flügel sind so breit wie die Segel eines Segelbootes und seine Krallen so kräftig wie die Wurzeln eines jungen Baumes. Als er majestätisch neben ihr landet, bemerkt Elli einige kleine Staubkörnchen in seinem braunen Gefieder.

»Warum bist du denn so staubig?«, fragt Elli verwundert.

»Ich putze. Und es ist so schrecklich langweilig!«, stöhnt Arni Adler. »Ich sterbe vor lauter Langeweile. Hu, ich sterbe!«

Und damit Elli ihm auch wirklich glaubt, wie schlimm es ihm geht, legt er sich auf den Boden und stellt sich tot.

»Übertreibst du nicht ein bisschen?«, fragt Elli kichernd.

Der Adler hebt kurz seinen Kopf. »Ich? Niemals!«

Dann legt er sich wieder starr auf den Boden und bewegt sich nicht. Elli überlegt.

»Wie wäre es, wenn ich dir helfe?«

Der Adler rappelt sich auf und strahlt Elli an.

»Würdest du das wirklich tun?«

»Ja. Aber nur ein bisschen. Und nicht so lange. Ich muss nämlich noch Kasi Hasi finden«, fügt Elli rasch hinzu.

»Abgemacht!«, ruft der Adler.

Gemeinsam fliegen sie zu seinem Nest hinauf. Dort schaut Elli sich verwundert um.

»Ich finde es aber nicht sonderlich schmutzig bei dir«, sagt sie.

»Das mag sein. Aber bald ist Weihnachten und dann soll alles noch viel sauberer und ordentlicher als sonst sein. Weihnachten ist schließlich ein ganz besonderer Tag«, erklärt der Adler ihr.

Da hat Elli plötzlich eine Idee: »Ich weiß, wie das Aufräumen und Putzen viel mehr Spaß macht!«

»Wie denn?«, fragt Arni neugierig.

»Indem man dabei singt!«

Und schon beginnt Elli zu singen. Es ist das Lied, das sie von Konrad Hirsch gelernt hat: »Kling, Glöckchen, klingelingeling, kling, Glöckchen, kling! Lasst mich ein, ihr Kinder, ist so kalt der Winter. Öffnet mir die Türen, lasst mich nicht erfrieren!«

Dem Adler gefällt das Lied sehr. Gemeinsam singen und fegen und putzen sie, sie ordnen und räumen auf und als es schließlich Abend wird, ist alles so sauber und aufgeräumt, dass nicht einmal das klitzekleinste Staubkorn Elli in der Nase kitzelt.

»Elli Siebenschläfer, du warst meine Rettung!«, jauchzt Arni Adler. Und er ist so glücklich, dass er ihr seine schönste Feder schenkt. Sie ist lang und schwarz-weiß und im Licht der untergehenden Sonne glitzert sie sogar ein bisschen silberfarben.

Glücklich steckt Elli sie zu ihren Geschenken in ihren Rucksack. Jetzt wird es höchste Zeit, dass sie Kasi Hasi findet. »Ich muss los!«, sagt Elli.

»Nein, das kommt nicht infrage!«, ruft Arni Adler. »Es wird schon dunkel und wenn es dunkel ist, ist es alleine schrecklich langweilig!« Elli seufzt. »Na gut«, sagt sie. »Aber morgen früh bringst du mich zu Kasi Hasi!«, sagt sie. »Versprochen!«, sagt Arni Adler. Elli kuschelt sich in sein ordentliches Nest und schon kurze Zeit später ist sie eingeschlafen.

8. Dezember

Noch bevor der Morgen dämmert, wacht Elli auf. Was ist das? Kleine, spitze Schneeflocken wirbeln ihr um Nase und Ohren und es ist so eiskalt, dass ihre Zähne klappern.

»Arni, Arni! Bitte bring mich zu einem Ort, wo es wärmer ist!«, weckt Elli den großen Adler neben sich. Arni Adler weiß sofort, was zu tun ist. »Ich bringe dich zu den Schafen am Deich. Dort ist es kuschelig und warm!«

Er hebt Elli auf seinen Rücken und fliegt los. An Arnis Rücken geschmiegt, schläft Elli erneut ein. Doch schon bald wird sie von seltsamen Geräuschen geweckt.

Die Schafe und das emsige Weihnachtsstricken

Klacker-di-klack! Klacker-di-klack!

Verschlafen öffnet Elli ihre Augen. Doch sie ist so müde und es ist so weich und gemütlich, dass sie sie sofort wieder schließt.

Klacker-di-klack! Klacker-di-klack!

Was ist das bloß?

Elli reckt und streckt sich und schaut sich um. Nanu? Hatte Arni Adler nicht gesagt, er bringt sie zu den Schafen? Auf dem grünen Gras um sie herum liegen bloß Wollknäuel. Unzählige Wollknäuel! Da sieht sie plötzlich, dass am Ende jedes Wollknäuels ein Schaf hockt. Alle Schafe halten lange Nadeln in den Hufen. Die Nadeln klappern wild und wie von Geisterhand quellen zwischen ihnen Mützen, Schals, Socken, Handschuhe und sogar ein ganzer Pullover hervor.

»Könnt ihr zaubern?«, fragt Elli verdutzt.

Die Schafe beginnen so laut und blökend zu lachen, dass ihre dicken Bäuche wippen.

»Nein, wir zaubern nicht, wir stricken!«, sagt ein besonders wolliges Schaf mit besonders großen Nadeln.

»Das machen wir jedes Jahr zu Weihnachten!«, fügt ein schwarz-weiß geflecktes Schaf hinzu.

»Schau mal! Die Mütze ist für meinen Enkel. Und der Schal ist für meine Mutter. Und die Socken bekommen meine Brüder!«, rufen alle Schafe durcheinander.

Elli fühlt an den Mützen und Schals. Wie weich sie sind. Und wie kuschelig. Oh, wie gerne würde sie auch stricken können!

»Zeigt ihr mir, wie das geht?«, fragt sie.

»Aber natürlich doch!«, ruft das besonders wollige Schaf. Es gibt Elli

zwei kleine Stricknadeln und legt ihr ein Wollknäuel vor die Pfoten. Dann zeigt es ihr, wie es geht.

»Erst machst du Maschen. Und dann strickst du eine Reihe nach rechts und eine Reihe nach links. So geht es immer weiter.«

Klackerdiklack! Klackerdiklackdi! Klackerdiklackerdiklackarack!

Oje, bevor Elli weiß, wie ihr geschieht, ist sie umwickelt von vielen, vielen Wollfäden. Die Schafe beginnen erneut blökend zu lachen. Sie befreien Elli aus dem Wollknäuel und das schwarz-weiße Schaf sagt:

»Um gut zu stricken, braucht man sehr viel Übung und sehr viel Geduld.«

Da ist Elli mit einem Mal traurig.

»Leider habe ich keine Zeit, um das Stricken zu lernen. Ich habe nämlich ein Geschenk für Kasi Hasi in meinem Rucksack. Das möchte ich ihm unbedingt bringen, damit er es am Weihnachtsabend auspacken kann.«

»Das ist wahrlich wichtiger, als stricken zu lernen!«, sagt das besonders wollige Schaf verständnisvoll. Doch zu Ellis Enttäuschung weiß keines der Schafe, wo sie Kasi Hasi finden kann. Aber dafür haben sie eine andere Idee:

»Wie stricken dir einen warmen Mantel. So kannst du Kasi Hasi suchen, ohne dabei zu frieren!«, sagt das schwarz-weiße Schaf lächelnd.

Elli ist begeistert.

Klacker-di-klack! Klacker-di-klack!

Die Schafe stricken und stricken und am Abend ist Ellis Mantel fertig. Er ist rot und an der Seite hat er ein kleines, weißes Herz.

»Vielen Dank!«, ruft Elli glücklich. Sie schlüpft hinein und als sie spürt, wie herrlich weich und warm er ist, wird sie entsetzlich müde.

»Morgen, morgen werde ich Kasi Hasi finden«, denkt Elli und beginnt zu gähnen. Und im nächsten Moment schläft sie ein.

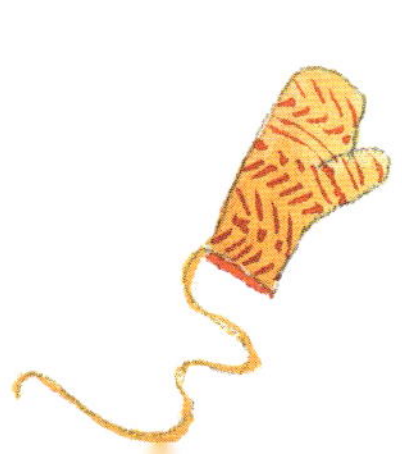

9. Dezember

An diesem Morgen weht ein starker Wind. Doch das macht Elli Siebenschläfer nichts aus. Ihr neuer Mantel, den ihr die Schafe gestrickt haben, ist nämlich herrlich kuschelig und warm. »Auf Wiedersehen, liebe Schafe! Habt ein schönes Weihnachtsfest!«, ruft Elli. So schnell sie kann, läuft sie den Deich hinab. Als sie am Meer ankommt, sieht sie plötzlich ein graues Wesen aus den hohen Wellen emporspringen. Ob das Kasi Hasi ist?

Rosa Robbe und die Weihnachtsvorführung

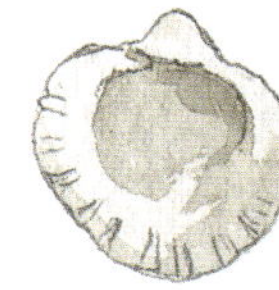

Huhu!«, ruft Elli.

»Wwwwwwwwwuuu! Wwwwwwwwwwwuuuu!«, macht das Meer. Die dunklen Wellen wippen wild auf und ab und jedes Mal, wenn eine besonders hohe Welle emporbricht, springt daraus das Wesen hervor, macht einige Umdrehungen in der Luft und taucht mit dem Kopf voran wieder hinein.

»Bravo!«, ruft Elli begeistert. »Bravo! Bravo! Bravo!«

Obwohl das Meer sehr laut ist, scheint das Wesen Ellis Stimme zu hören. Kurz streckt es seinen Kopf mit den großen Augen aus dem Wasser, dann taucht es unter und bevor Elli sich's versieht, springt es neben ihr an den Strand. Da sieht Elli, dass es eine Robbe ist.

»Bravo!«, ruft Elli erneut und klatscht in ihre Pfoten.

Die Robbe stellt sich auf ihre Schwanzflosse und klatscht ebenfalls. Kleine Wassertropfen wirbeln Elli ins Gesicht und sie muss lachen.

»Möchtest du noch mehr Kunststücke sehen?«, fragt die Robbe stolz.

»Sehr gerne!«, ruft Elli.

»Dann zeige ich dir meine ganze Weihnachtsaufführung. Setz dich!«

Die Robbe zeigt auf einen Stein und Elli setzt sich darauf.

Dann tritt die Robbe vor, verbeugt sich und räuspert sich.

»Sehr verehrtes Publikum. Jetzt sehen Sie Rosa Robbe mit einer ganz besonderen Weihnachtsshow. Ich bitte um Applaus!«

Elli klatscht und Rosa Robbe beginnt. Zunächst macht sie Kopfstand. Dann Handstand. Und am Ende balanciert sie einen kleinen Ball auf ihrer Nase.

Elli ist entzückt. Sie möchte unbedingt auch Kunststücke machen.

»Zeigst du mir, wie das geht?«, fragt sie.

»Au ja«, ruft Rosa Robbe. Sie zeigt Elli, wie man einen Kopfstand macht. Dann zeigt sie ihr, wie man einen Handstand macht. Und schließlich zeigt sie ihr, wie man einen Ball auf der Nase balanciert.

»Und jetzt bist du das Publikum und ich zeige dir die Kunststücke!«, ruft Elli.

Rosa Robbe ist einverstanden. Sie setzt sich auf einen Stein, Elli tritt vor, verbeugt sich und räuspert sich.

»Sehr verehrtes Publikum. Jetzt sehen Sie Elli Siebenschläfer mit einer ganz besonderen Weihnachtsaufführung. Ich bitte um Applaus!«

Rosa Robbe klatscht in ihre Flossen und jauchzt begeistert. Elli macht einen Kopfstand. Dann einen Handstand. Und schließlich balanciert sie den kleinen Ball auf ihrer Nase. Das ist nicht ganz einfach. Also wirft sie ihn in die Luft und fängt ihn mit dem Maul auf.

»Hurra!«, ruft Rosa und klatscht erneut Beifall.

Das Üben und Vorführen macht so viel Spaß und Elli ist so stolz und glücklich, dass sie Kasi Hasi ganz und gar vergisst. Erst als Rosa sie fragt, warum sie denn ganz alleine am Strand ist, fällt es ihr wieder ein.

»Rosa, weißt du, wo Kasi Hasi wohnt?«, fragt sie

Rosa Robbe schüttelt den Kopf: »Das weiß ich nicht. Aber Arabella Möwe, die weiß es bestimmt. Sie wohnt nämlich ganz oben im Himmel und von dort aus kann sie alles sehen!«

Elli schaut nach oben. Sie sieht dunkle Wolken und einige weiße Vögel, die wild schreiend umherfliegen.

»Ist Arabella eine von den Vögeln dort?«, fragt Elli.

»Nein! Arabella wohnt dort!«, sagt Rosa und zeigt zu einem rot-weiß gestreiften Leuchtturm am Ende des Strandes. Niemals zuvor hat Elli einen Leuchtturm gesehen und sie kann es kaum erwarten, ihn sich anzuschauen. Also verabschiedet sie sich von Rosa Robbe und macht sich auf den Weg. Als sie am Leuchtturm ankommt, ist es bereits dunkel und Elli ist schrecklich müde. Mit letzter Kraft öffnet sie eine kleine Tür und schläft am Fuße einer langen, langen Treppe ein.

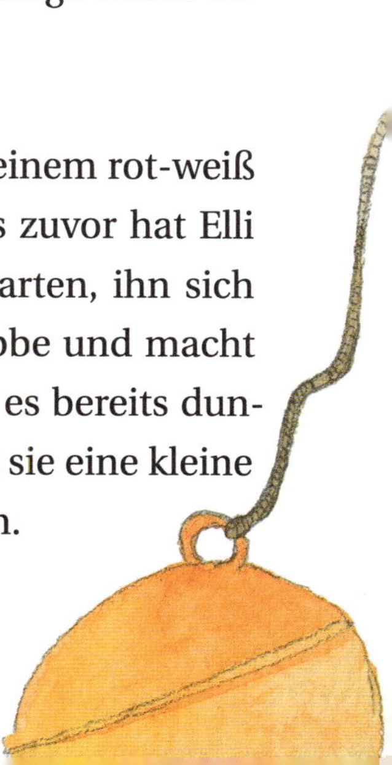

10. Dezember

Als Elli Siebenschläfer an diesem Morgen aufwacht, weiß sie zunächst nicht, wo sie ist. Doch als sie vor sich die schmale, lange Treppe sieht, fällt es ihr wieder ein. Sie ist im Leuchtturm von Arabella Möwe. Sie kann ihr sicher helfen, Kasi Hasi zu finden. Flink läuft Elli die zahlreichen Stufen hinauf und kommt ganz außer Atem vor einer kleinen blauen Tür an.

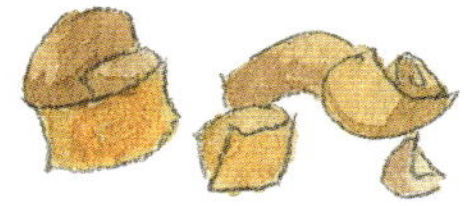

Arabella Möwe und der Schwibbogen

An der Tür entdeckt Elli viele Buchstaben. Sie sind aus Holz geschnitzt und hängen ein wenig krumm und schief. Als Elli sie geraderückt, kann sie lesen, was dort steht: *»Hier wohnt Arabella Möwe«*

Das Ö in der Mitte trägt ein kleines Krönchen und Elli merkt, dass es eine Klingel ist. Vorsichtig drückt sie mit ihrer Pfote darauf und ein helles Glöckchen erklingt.

»Klinge-linge-ling!« macht es.

Nach einiger Zeit ertönt ein leises Surren und Elli kann die Tür aufdrücken. Verwundert bleibt sie stehen und schaut sich um. Der Raum, in dem sie steht, ist über und über goldfarben und um sie herum flackern zahlreiche Lämpchen. Sie alle stecken auf kleinen Bögen aus Holz, unter denen sich geschnitzte Bäume, Häuser oder Figuren befinden.

»Ich bin hier drüben!«, ruft eine freundliche Stimme.

Elli folgt der Stimme und gelangt in eine kleine Werkstatt am Ende des Raums. Dort sitzt an einem großen Holztisch eine schneeweiße Möwe auf einem kleinen Drehhocker. Die Möwe trägt zu Ellis Erstaunen eine riesige Brille und ihre Krallen stecken in weißen Handschuhen. Mit einer winzigen Säge sägt sie konzentriert einen kleinen Esel aus einer dünnen Holzplatte.

»Guten Tag, guten Tag! Möchten Sie einen Schwibbogen kaufen?«, fragt die Möwe, ohne aufzublicken.

Elli ist so überwältigt von all den vielen Figuren und Kerzen und Lämpchen, von der Möwe mit der Brille auf der Nase und der Säge in ihrer Kralle, dass sie nicht weiß, was sie sagen soll.

»Geschnitzt, gesägt oder aus Blei? Bei mir ist für jeden Geschmack

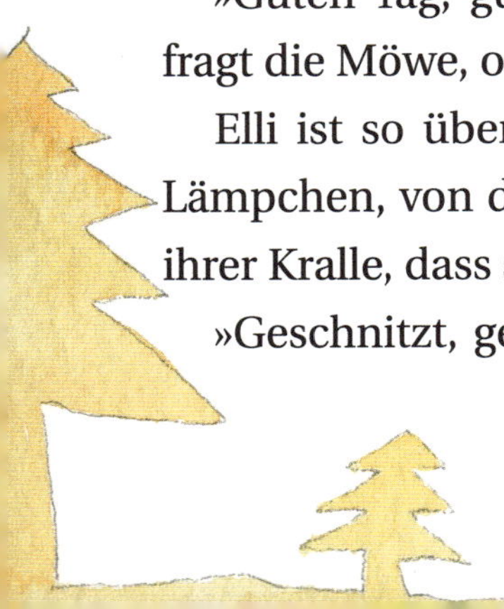

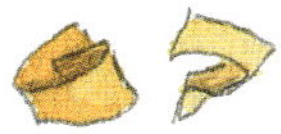

was dabei!«, zwitschert die Möwe. Dann dreht sie sich mit Schwung zu Elli um und schiebt sich ihre große Brille auf die Stirn.

»Oh, ein Siebenschläfermädchen! Sag bloß, du bist extra aus dem Wald bis ans Meer gekommen, um einen Schwibbogen zu kaufen?«

Elli schüttelt den Kopf.

»Vor meiner Höhle lag ein Geschenk für Kasi Hasi zu Weihnachten. Ich suche ihn, um ihm das Geschenk zu bringen. Weißt du, wo er wohnt?«, fragt Elli.

Arabella Möwe denkt eine Weile nach. Dann runzelt sie die Stirn und sagt:

»Weißt du, was? Wenn ich nicht arbeite, kann ich nicht nachdenken. Was hältst du davon, wenn du mir hilfst und dabei denke ich nach. Ich bin mir sicher, dass ich dir dann eine Antwort auf deine Frage geben kann.«

»Einverstanden!«, ruft Elli.

Also hilft sie Arabella Möwe beim Sägen, Schnitzen und Bemalen der vielen Figuren. Elli macht es großen Spaß und mit Arabellas Hilfe baut sie sich sogar einen eigenen Schwibbogen, den sie mit nach Hause nehmen darf. Er ist genauso groß wie ihre Pfote, hat eine kleine Kerze in der Mitte und darunter schlafen ihre Eltern und sie als kleine, geschnitzte Figuren.

Genau in dem Moment, als Elli noch einen kleinen Stern hinzumalt, ruft Arabella plötzlich: »Ich hab's! Ich weiß, wo du Kasi Hasi findest! Er wohnt auf der großen Wiese!«

Elli möchte sich sofort auf den Weg machen, aber da sieht sie, dass es draußen bereits dunkel geworden ist. Also übernachtet sie bei Arabella im Leuchtturm. Morgen wird sie Kasi Hasi das Geschenk bringen. Da ist sich Elli ganz sicher. Und während sie das denkt, schläft sie im funkelnden Licht der wunderschönen Schwibbögen ein.

11. Dezember

An diesem Morgen wird Elli Siebenschläfer von lautem Sägen geweckt. Als sie ihre Augen öffnet, sieht sie, dass Arabella Möwe einen kleinen Hocker baut. Als sie fertig ist, schnallt sie ihn sich auf den Rücken und ruft freundlich:

»Worauf wartest du? Spring auf!«

Das lässt sich Elli nicht zweimal sagen. Auf zur Wiese! Auf zu Kasi Hasi!

Waldemar Wolf und der Schneemann

Wie der Blitz fliegt Arabella vom Leuchtturm hinab.

»Hurra! Ein Flugtaxi!«, kreischt Elli begeistert und in ihrem Bauch kribbelt es so doll, als würde sie jemand von innen kitzeln.

Elli sieht das Meer, den Strand und die Deiche unter sich. Über einem kleinen Wäldchen setzt Arabella zum Landeanflug an.

»Jippieh!«, kreischt Elli.

Als sie unten ankommen, springt Elli aus dem gemütlichen Flugstuhl und sieht, dass sie auf einer großen, schneebedeckten Wiese gelandet sind.

»Schau mal, Elli, siehst du diese Spuren? Wenn du ihnen folgst, kommst du zu Kasi Hasi!«, sagt Arabella und zeigt auf eine Reihe von Pfotenabdrücken im Schnee. Dann verabschieden sich die beiden, Arabella fliegt zu ihrem Leuchtturm zurück und Elli folgt neugierig den Spuren im Schnee. Doch schon nach wenigen Schritten bekommt sie einen Schreck. Eine große, weiße Kugel aus Schnee rollt auf sie zu!

»Hilfe!«, ruft Elli und springt zur Seite – gerade rechtzeitig, denn schon im nächsten Moment rollt die Kugel dort entlang, wo sie gerade noch gestanden hat. Erleichtert lässt Elli sich in den Schnee plumpsen. Da bemerkt sie plötzlich einen Wolf hinter der Kugel. Schnaufend rollt er sie mit seinen Vorderpfoten durch den Schnee und je länger er das tut, desto größer wird die Kugel.

»Was machst du da?«, fragt Elli neugierig.

»Ich. Baue. Einen. Schneemann.«

Der Wolf ist so außer Atem, dass er kaum sprechen kann. Erschöpft hält er an und ringt nach Luft. Erst jetzt fällt Elli auf, dass der Wolf sehr alt ist. Das Fell um seine Nase herum ist grau und seine Augen so trübe, als läge dahinter das verborgene Wissen vieler, vieler Lebensjahre.

»Ein Schneemann? Was ist denn das?«, fragt Elli. Und weil der Wolf noch immer nach Luft ringt, fügt sie erklärend hinzu:

»Ich bin Elli Siebenschläfer. Normalerweise schlafe ich, wenn es schneit, deshalb weiß ich nichts über den Schnee.«

Der Wolf denkt eine Weile nach. Dann sagt er:

»Das ist nicht gut, dass du das nicht weißt. Denn ich werde nicht mehr lange leben und wenn nach mir niemand weiß, wie man einen Schneemann baut, würde etwas sehr Schönes auf dieser Welt fehlen. Mein Name ist übrigens Waldemar.«

Der Wolf hebt eine Pfote voll Schnee vom Boden auf und formt sie zu einer Kugel.

»Jetzt machen wir den Bauch«, erklärt der Wolf. Er legt die Kugel in den Schnee und Elli hilft ihm, sie hindurchzurollen. Die Kugel wird größer und größer und als sie schließlich fast so groß ist wie Elli, wuchten sie sie gemeinsam auf die große Schneekugel, die der Wolf zuvor gemacht hatte.

»Jetzt fehlt nur noch der Kopf!«, japst der Wolf und weil er schon sehr erschöpft ist, rollt Elli die letzte Kugel alleine durch den Schnee. Schließlich heben sie sie gemeinsam auf den Bauch ihres Schneemanns.

Elli kichert. Wie lustig das Schneewesen aussieht! Elli macht ihm noch ein Gesicht aus Steinen und legt ihm etwas Laub auf den Kopf.

»Na, so was! Einen Schneemann mit Mütze hatte ich noch nie. Dass ich das noch erleben darf!«, lacht der Wolf. Dann fragt er: »Bist du deswegen zu mir gekommen?«

Da fällt Elli mit einem Mal Kasi Hasi wieder ein. Den hatte sie ganz und gar vergessen! »Waldemar, kennst du Kasi Hasi?«, fragt sie. Doch nanu? Der Wolf liegt schnarchend in einer Höhle. Da merkt auch Elli, dass sie sehr, sehr müde ist. Gähnend kuschelt sie sich zum Wolf in die kleine Höhle. Und während sie stolz ihren Schneemann im Licht der untergehenden Sonne betrachtet, schläft sie ein.

12. Dezember

Als Elli Siebenschläfer an diesem Morgen aufwacht, sieht sie, dass der Wolf bereits wach ist. Er hockt am Eingang seiner Höhle und schaut zufrieden über die große, schneebedeckte Wiese. Jetzt kann sie ihn endlich nach Kasi Hasi fragen.

»Du hast Glück, es hat die ganze Nacht geschneit und es sind neue, frische Spuren im Schnee. Möglicherweise sind sie von Kasi Hasi.«

Elli schnallt sich ihren Rucksack auf den Rücken, verabschiedet sich vom alten Wolf und betrachtet den Schnee zu ihren Füßen. Tatsächlich. Dort sind große, halbmondförmige Spuren! Ob die von Kasi Hasi sind?

Die Wildschweine und der Adventskalender

Am Ende der Wiese sieht Elli, dass die Spuren in den Wald führen. Neugierig folgt sie ihnen. Da sieht sie mit einem Mal zwei Wildschweine auf einer Lichtung. Rasch versteckt Elli sich hinter einem Busch. Von dort aus beobachtet sie, wie die Wildschweine sich wütend anfunkeln. Das eine hat eine graue, das andere eine braune Nase.

»Heute bin ich dran, Taffi!«, schnaubt das Wildschwein mit der grauen Nase.

»Nein, Toffi, heute bin ich dran!«, schnaubt das Wildschwein mit der braunen Nase.

»Aber du warst schon gestern an der Reihe!«, ruft Toffi.

»Nein, du warst gestern dran!«, ruft da Taffi empört.

Erst jetzt bemerkt Elli das Bild, das hinter ihnen an einem Baumstamm hängt. Darauf ist ein Haus mit vielen Fenstern zu sehen. Zu Ellis Verwunderung scheint es ein wenig kaputt zu sein, denn elf der Fensterchen stehen offen oder fehlen ganz.

»Entschuldigung!«, ruft Elli und kommt hinter dem Busch hervor.

Erstaunt wenden sich die beiden Wildschweine zu ihr um.

»Streitet ihr euch etwa wegen dem kaputten Bild da?«

Die zwei Wildschweine schauen sich verdutzt an.

»Kaputtes Bild? Das ist doch kein kaputtes Bild. Das ist ein Adventskalender!«, schnaubt das Wildschwein mit der braunen Nase.

»Ein Adventskalender? Was ist denn das?«, fragt Elli neugierig. Von einem Adventskalender hat sie noch nie etwas gehört.

»In einem Adventskalender ist vom 1. Dezember bis Heiligabend für jeden Tag ein kleines Geschenk. In unserem ist Schokolade. Und heute darf ich ein Fensterchen öffnen!«, erklärt ihr Toffi.

»Du? Nein, ich bin dran!«, ruft Taffi und pustet Toffi Schnee ins Gesicht.

»Na warte!«

Toffi pustet zurück, genauso wie Taffi. Und so geht es hin und her und her und hin.

»Hurra! Eine Schneeballschlacht!«, quietscht Elli vergnügt und bewirft die zwei Wildschweine ebenfalls mit Schnee. »Na warte!«, prusten Toffi und Taffi und werfen Elli eine Ladung Schnee auf den Kopf. Schließlich sind sie alle drei über und über mit Schnee bedeckt und das sieht so lustig aus, dass sie sich lachend in einen Schneehaufen fallen lassen. Da hat Elli eine Idee.

»Wie wäre es, wenn ich das Fensterchen öffne? Ich habe nämlich noch nie ein Adventskalenderfensterchen geöffnet. Außerdem wäre das doch eine prima Lösung für euren Streit!«, fügt sie rasch hinzu.

Die zwei Wildschweine tuscheln eine Weile miteinander. Dann nicken sie und sagen feierlich:

»Wenn das so ist, dann ist die heutige Süßigkeit für dich!«

Aufgeregt klettert Elli am Wildschwein mit der braunen Nase hinauf und öffnet das Fensterchen mit der Nummer zwölf. Dahinter steckt ein Stückchen Schokolade. Es hat die Form eines Geschenks und gerade als Elli es sich in den Mund stecken will, fällt ihr plötzlich das Geschenk für Kasi Hasi wieder ein. Das hat sie vor lauter Aufregung ganz und gar vergessen!

»Wisst ihr, wo Kasi Hasi wohnt?«, fragt sie und verstaut die Schokolade in ihrem Rucksack.

»Na klar, dort!«, sagt Toffi und zeigt in die eine Richtung.

»Nein, dort!«, sagt Taffi und zeigt in die andere Richtung.

Elli seufzt. Dann verabschiedet sie sich von den zwei Wildschweinen. Sie entscheidet sich für einen schmalen Weg in der Mitte und läuft los. Als es dunkel wird, kommt sie an einem Bauernhof an. Ob sie Kasi Hasi hier findet?

13. Dezember

Als Elli Siebenschläfer an diesem Morgen aufwacht, liegt sie in einem gemütlichen Strohhaufen. Schon halb im Schlaf muss sie in der Nacht hereingekrochen sein. Elli steht auf, gähnt herzhaft, reckt und streckt sich. Sie merkt, dass sie sich in einem Stall befindet. Auf einmal fragt eine freundliche Stimme: »Nanu! Wer bist denn du?«

Neugierig wendet Elli sich um. Ob das Kasi Hasi ist?

Karolina Kuh und die Strohsterne

Zunächst sieht Elli niemanden. Doch dann merkt sie, dass vor ihr im goldgelben Stroh eine Kuh steht. Weil ihr Fell nahezu dieselbe Farbe wie das Stroh um sie herum hat, hat Elli sie zunächst gar nicht bemerkt. Nur ihre schönen Augen sind so groß und braun wie dicke Kastanien.

»Bist du Kasi Hasi?«, fragt Elli neugierig.

Die Kuh schwenkt langsam ihren Kopf hin und her.

»Nein. Mein Name ist Karolina«, sagt die Kuh und zieht einen langen Halm aus dem Stroh. Zunächst glaubt Elli, dass Karolina den Strohhalm fressen möchte, doch dann sieht sie, dass sie den Strohhalm zwar in ihr Maul steckt, dort jedoch vorsichtig knickt. Erst in die eine Richtung, dann in die andere Richtung. Wie durch ein Wunder wird aus dem Strohhalm nach und nach ein kleiner Stern. Als er fertig ist, drückt Karolina ihn Elli in ihre Pfote.

»Bitte schön! Der ist für dich!«, sagt sie strahlend.

»Ein Strohstern! Wie wunderschön!«, ruft Elli entzückt.

Karolina zeigt in die Ecke des Stalls.

»Schau mal, dort sind noch mehr. Die habe ich alle selbst gemacht!«, sagt sie stolz.

Erst jetzt sieht Elli die vielen Sterne im Stall. Sie sind zu einem Turm übereinandergestapelt. Im Licht der Morgensonne funkeln und glitzern sie, als wären sie aus purem Gold.

»Wie wunderschön!«, ruft Elli noch einmal.

»Am liebsten würde ich sie im ganzen Stall aufhängen. Doch leider kann ich nicht klettern«, sagt Karolina und Elli findet, dass sie dabei sehr traurig aussieht. Da hat sie eine Idee.

»Ich kann klettern! Ich hänge sie im Stall für dich auf!«, ruft Elli.

»Würdest du das wirklich tun?«

Karolina kullert vor lauter Rührung eine dicke Träne aus einem ihrer großen Augen.

»Natürlich! Ich helfe dir gerne!«, ruft Elli.

Gemeinsam mit Karolina fädelt sie an jeden Strohstern einen Heufaden. Dann klettert sie mit einem Stern nach dem anderen an den Balken des Stalls hinauf und hängt die Sterne auf. Einige hängt sie ans Fenster, einige an die Wände und einige unter die Lampe. Schließlich tanzen und wippen zahlreiche Strohsterne im Stall auf und ab.

»So habe ich es mir gewünscht. Und nun ist mein Wunsch in Erfüllung gegangen!«, strahlt Karolina.

Dann zeigt sie Elli, wie man einen Strohstern bastelt. Elli knickt einen Strohhalm erst in die eine, dann in die andere Richtung. Mehr und mehr wird ein kleiner Stern daraus. Er ist ein wenig krumm und schief und Elli findet ihn nicht sonderlich schön. Aber als Karolina ihr sagt, dass es ein richtiger Elli-Stern ist, den es nur ein einziges Mal auf der ganzen Welt gibt, findet sie ihn mit einem Mal doch sehr schön.

»So, und jetzt wird geschlafen!«, sagt Karolina und gähnt. Elli erschrickt. Ist etwa schon wieder ein ganzer Tag vergangen? Es war so spannend mit Karolina, dass sie Kasi Hasi schon wieder ganz und gar vergessen hat!

Weil es draußen bereits dunkel ist, bleibt Elli eine weitere Nacht bei Karolina im Stall. Gemeinsam kuscheln sie sich ins Stroh und betrachten sie vielen, vielen Strohsterne über sich.

»Weißt du, Elli, vor Weihnachten bin ich immer so aufgeregt, dass ich häufig nicht einschlafen kann«, flüstert Karolina.

»Dann zählen wir die Sterne!«, flüstert Elli.

»Eins, zwei, drei!«, zählt Karolina.

»Vier, fünf, sechs!«, zählt Elli.

Und während sie die vielen, vielen Strohsterne zählen, schlafen sie ein.

14. Dezember

»Kikerikiiii!«

Elli Siebenschläfer schreckt auf. Draußen ist es noch dunkel.

»Karolina, was war das?«, flüstert sie neugierig.

»Das war Haffi, der Hahn. Er kräht jeden Morgen zu dieser Zeit«, sagt die Kuh und dreht sich schläfrig auf die andere Seite. Im nächsten Moment schläft sie wieder tief und fest. Elli jedoch möchte nicht mehr schlafen. Sie möchte endlich Kasi Hasi finden. Ob der Hahn Haffi ihr helfen kann?

Die Hühner und der Weihnachtschor

Als Elli aus dem Kuhstall kommt, hört sie ein lautes Gackern. Und zwischendurch ein lautes »Kikerikiiii!«. Die Geräusche kommen aus einem großen Bauwagen. Er hat vier Räder und ist über und über mit kunterbunten Eiern bemalt. Rasch huscht Elli über eine schmale Treppe hinein.

»Gacka-diiii! Gacka-di-schnacki-daaa!«, gackern zahlreiche braune Hühner. Zwischen ihnen hüpft ein kleiner, bunter Hahn umher, das muss Haffi sein.

»Kikerikiiiii!«, kräht er.

Elli hält sich mit den Pfoten die Ohren zu. Das klingt ja schrecklich!

Als Haffi und die Hühner Elli sehen, sind sie schlagartig still. Neugierig trippeln sie um Elli herum. Dabei schauen sie sich alles ganz genau an: ihren Wollmantel, ihren Rucksack und ein Huhn zupft sogar ein bisschen an ihrem Schwanz.

»Wer bist denn du?«, fragt Haffi schließlich.

Vorsichtig nimmt Elli ihre Pfoten von den Ohren und sagt:

»Ich bin Elli Siebenschläfer. Ich suche Kasi Hasi. Ich habe nämlich ein Geschenk für ihn.«

Da beginnen die Hühner erneut, wild zu gackern, und Elli presst sich wieder ihre Pfoten auf die Ohren.

»Gacker-di-Kasi? Gacker-di-Hasi ?«, gackern sie durcheinander. Und Haffi, der Hahn, ruft: »Kickeri-Kasi ! Kickeri-Hasi!«

»Warum singt ihr so komisch?«, fragt Elli.

»Komisch?! Wir üben! Am Weihnachtstag singen wir nämlich ein Weihnachtslied. Weil es so kalt ist, muss unsere Stimme ständig in Bewegung sein. Sonst friert sie nämlich ein«, erklärt der Hahn.

»Was ist denn das für ein Weihnachtslied?«, fragt Elli neugierig.

»Gacker-di-Weihnacht!«, gackert ein Huhn und es freut sich so sehr, dass es wie ein Flummi auf und ab hüpft.

»Ruhe, werte Hühner!«, ruft Haffi streng. Er tippt mit seiner Kralle an eine Sitzstange.

»Am-am-ammmmm!«, macht er. Und die Hühner machen ebenfalls »Am-am-ammmmm!«

Dann holen alle tief Luft. Vorsichtshalber hält Elli sich die Ohren zu. Doch als Haffi und die Hühnerschar zu singen beginnen, nimmt sie langsam ihre Pfoten herunter. Denn das, was Haffi und die Hühnerschar singen, klingt großartig!

»Gackerdi-ho! Gackerdi-ha! Bald ist Weihnachten-gackerdi-da!«, singen Haffi und die Hühner.

Als sie fertig sind, klatscht Elli begeistert in ihre Pfoten.

»Noch mal!«, ruft sie.

Erneut beginnt der Hühnerchor zu singen.

»Gackerdi-ho! Gackerdi-ha! Bald ist Weihnachten-gackerdi-da!«

Sie singen und singen und Elli tanzt dazu. Sie springt in die Luft, sie kullert über den Boden und schließlich tanzen sie und einige Hühner Flügel an Pfote durch den Hühnerstall. Was für ein Spaß!

Erst als es draußen dunkel wird, fällt Elli ein, dass sie doch eigentlich Kasi Hasi finden wollte. Es war so lustig mit Haffi und dem Hühnerchor, dass sie das Geschenk für ihn ganz und gar vergessen hat. Weil es zu spät ist, um sich auf den Weg zu machen, übernachtet Elli im Hühnerstall. Bevor sie einschläft, hält Haffi ihr ein kleines Büchlein hin.

»Das ist für dich!«, sagt er.

»Gackerdi-Weihnachten!«, steht darauf. Ein Weihnachtsliederbuch!

»Danke, Haffi Hahn und alle anderen!«, sagt Elli glücklich. Und während sie dem Gesang der Hühnerschar lauscht und in ihrem Liederbuch blättert, schläft sie ein.

15. Dezember

An diesem Morgen schläft Elli Siebenschläfer so tief und fest, dass sie nicht einmal das Krähen von Hahn Haffi hört. Erst als ihr ein köstlicher Geruch in die Nase dringt, wird sie wach. Noch niemals hat Elli etwas so Leckeres gerochen. Rasch verabschiedet sie sich von Haffi und der Hühnerschar. Sie streckt ihre Nase in die Luft und folgt dem Duft. Er führt zu einer Katzenklappe, die ins Innere eines großen Bauernhauses führt. Elli zögert kurz, dann huscht sie leise ins Haus hinein.

Mimi Katze und die Weihnachtsplätzchen

Hinter der Klappe befindet sich ein Raum mit einem großen Kamin. Im flackernden Licht kann Elli eine rot-weiß getigerte Katze erkennen. In ihren Pfoten hält sie eine große Rolle aus Holz, die sie über einem großen, weißen Lappen hin- und herbewegt.

»Was machst du denn da?«, fragt Elli neugierig.

Als die Katze Ellis Stimme hört, lässt sie die Rolle fallen und springt hinter einen kleinen Stapel Holz. Doch schon im nächsten Moment kommt ihr Kopf dahinter hervor.

»Hast du mich erschreckt! Ich dachte, Carlos kommt nach Hause! Was ich hier mache, ist nämlich geheim«, sagt sie verschwörerisch.

»Was machst du denn Geheimes?«, fragt Elli neugierig.

Die Katze schaut sich nach allen Seiten um. Dann beugt sie sich zu Elli hinüber und flüstert: »Ich bin Mimi Katze, die geheime Weihnachtsplätzchenbäckerin. Schau, die ersten sind schon fertig!«

Mimi stülpt sich dicke Handschuhe über ihre Vorderpfoten und zieht ein großes Backblech aus dem Feuer. Darauf sind viele braune, knusprige Sterne zu sehen. Zugleich weht Elli erneut der köstliche Duft in die Nase. Er ist so himmlisch, dass ihr ein bisschen schwindlig wird.

»Magst du probieren?«, fragt die Katze und hält ihr einen Stern entgegen.

»Sehr gerne!«, ruft Elli. Die Katze pustet ein wenig und als der Stern nicht mehr heiß ist, kann Elli ihn essen. Oh, wie lecker er schmeckt! Knusprig und warm und süß und würzig.

»Darf ich dir beim Backen helfen?«, fragt Elli.

»Natürlich! Zu zweit geht es ja viel schneller! Aber iss nicht alle Plätzchen auf. Die müssen reichen bis Weihnachten.«

»Einverstanden!«, verspricht Elli.

Die Katze erklärt Elli, dass die Rolle aus Holz eine Teigrolle und der Lappen auf dem Boden der Plätzchenteig ist.

»Und damit stechen wir die Sterne aus dem Teig!«, erklärt sie und hält Elli ein Förmchen hin. Elli sticht einen Stern nach dem anderen aus und legt ihn auf das Backblech. Als es voll ist, schiebt die Katze es ins Feuer.

»Und jetzt?«, fragt Elli.

»Jetzt warten wir, bis die Plätzchen fertig sind«, sagt die Katze.

Da hört Elli mit einem Mal ein Tapsen.

»Das ist Carlos! Er darf nicht merken, dass ich heimlich backe. Dann isst er alle Plätzchen! Er liebt nämlich Plätzchen!«, flüstert Mimi. Schnell wie ein Blitz versteckt sie die Teigrolle, die fertigen Plätzchen und das Backblech hinter dem Ofen und zieht Elli mit sich. Elli lugt hinter dem Ofen hervor und beobachtet, wie ein Hund mit außergewöhnlich langen Ohren durch den Flur tapst. Schnuppernd streckt er seine Nase in die Luft, schüttelt verwirrt den Kopf und verschwindet hinter einer angelehnten Tür.

»Das war knapp!«, kichert Mimi. Sie bestreicht die Plätzchen mit Zuckerguss und Elli streut viele bunte Perlen darauf. Dann legt Mimi einige nebeneinander in eine kleine Schachtel.

»Die sind für Carlos!«, kichert sie.

»Was für eine schöne Überraschung!«, ruft Elli.

Da fällt ihr mit einem Mal das Geschenk für Kasi Hasi wieder ein. Es ist doch auch eine Überraschung! Zugleich merkt sie, dass sie entsetzlich müde ist. Mimi geht es genauso. Also kuscheln sie sich gemeinsam in ihr gemütliches Körbchen. »Morgen frage ich Mimi, wo Kasi Hasi wohnt!«, denkt Elli. Und während sie das denkt, schläft sie mit einem großen Plätzchen in der Pfote ein.

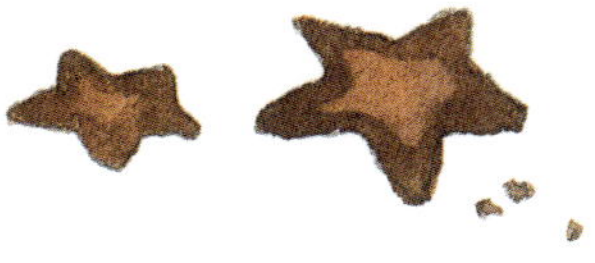

16. Dezember

»Elli, aufwachen!«

Oh, wie kuschelig es im Körbchen hinter dem warmen Ofen ist! Widerwillig öffnet Elli Siebenschläfer erst ihr eines, dann ihr anderes Auge. Sie sieht, dass vor ihr die Katze steht und an einem Weihnachtsplätzchen knabbert.

»Du willst doch nicht etwa Weihnachten verschlafen?«, kichert sie.

Elli ist plötzlich hellwach.

»Niemals! Ich muss doch Kasi Hasi finden!«, ruft sie. Die Katze schenkt ihr zum Abschied eine kleine Dose voller Weihnachtsplätzchen. Elli streicht staunend über die mit Engeln verzierte Dose, dann steckt sie sie in ihren Rucksack und flitzt los.

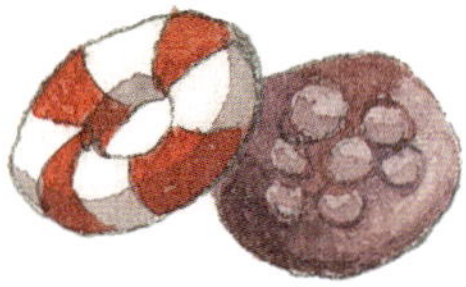

Jasper Eichhörnchen und das Lebkuchenhaus

Mit lautem Geschepper fällt die Katzenklappe hinter Elli zu. Die Katze hat ihr gesagt, dass Kasi Hasi vielleicht im Sandkasten hinter dem Haus ist. Also läuft Elli einmal um das Bauernhaus herum. Der Sandkasten ist von einer dicken Schneeschicht bedeckt.

»Kasi Hasi! Bist du da?«, ruft Elli und hüpft über die schneebedeckten Sandberge. Doch niemand antwortet. Stattdessen entdeckt Elli plötzlich zwischen zwei Sandbergen eine kleine Tür. Ist das etwa ein Eingang in eine Höhle? Vorsichtig berührt Elli die Tür mit der Pfote. Da merkt sie, dass diese weich ist. Außerdem duftet sie ein bisschen so wie die Weihnachtsplätzchen, die sie mit der Katze gebacken hat. Elli versteht: Es ist ein Keks! Doch was macht ein Keks, der aussieht wie eine Tür, im Sandkasten? Seltsam, seltsam.

Da hört sie plötzlich ein lautes Ächzen und Stöhnen über sich. Und bevor sie sich's versieht, fällt neben ihr ein weiterer Riesenkeks in den Schnee. Im nächsten Moment hört Elli über sich ein lautes Schimpfen:

»Immer fällt alles hinunter. Immer. Immer! Nix klappt bei Jasper Eichhörnchen. Nix!«

Als Elli nach oben blickt, sieht sie über sich in den Zweigen einer Tanne ein Eichhörnchen. Es ist feuerrot und sein Schwanz ist so buschig, dass er Elli ein wenig an eine lodernde Flamme erinnert. Wütend hüpft es von einem Fuß auf den anderen. Dabei boxt und tritt es wild um sich. Im nächsten Moment fällt erneut ein Riesenkeks hinab. Gerade noch rechtzeitig kann Elli zur Seite springen.

»Hallo! Kann ich dir helfen?«, ruft Elli zu ihm hinauf.

Das Eichhörnchen starrt Elli mit großen Augen an. »Niemand kann mir helfen. Niemand!«, jault es.

Dann fängt es bitterlich zu weinen an. Das Eichhörnchen tut Elli schrecklich leid. Also klettert sie zu ihm in den Baum hinauf und streichelt ihm über seinen feuerroten Kopf.

»Warum weinst du?«, fragt sie.

Da erzählt das Eichhörnchen, warum es so verzweifelt ist:

»Ich baue ein Lebkuchenhaus für meinen Bruder Jonte. Es soll eine Überraschung für ihn sein, wenn er heute Abend nach Hause kommt! Als Wiedergutmachung weil ich seines letztes Jahr aufgegessen habe. Aber alleine klappt es einfach nicht!«

Da versteht Elli plötzlich, wofür die Tür und die anderen Kekse sind. Daraus möchte Jasper Eichhörnchen ein Haus bauen.

»Ich helfe dir!«, ruft Elli.

»Würdest du das wirklich tun?«, fragt Jasper und beginnt zu strahlen.

»Natürlich!«, ruft Elli.

Gemeinsam wuchten sie die Lebkuchenplatten die hohe Tanne hinauf. Oben angekommen, erklärt Jasper Elli, dass das Haus zwischen zwei Zweigen stehen soll. Dann zeigt er ihr, wie man die Teile des Hauses mit Zuckerguss zusammenklebt. Gemeinsam sind sie bald fertig.

Verwundert blickt Elli auf das braune Lebkuchenhaus vor sich.

Sie findet es sehr langweilig. »Und das soll schön und weihnachtlich sein?«, fragt sie erstaunt.

»Nein, wir sind doch noch gar nicht fertig!«, strahlt Jasper.

»Jetzt verzieren wir es!«

Er holt bunte Bonbons und Zuckerstreusel aus seinem Nest. Diese kleben sie mit vielen Zuckergusstupfern überall am Haus fest.

Genau in dem Moment, als Jaspers Bruder Jonte nach Hause kommt, ist das Lebkuchenhaus fertig. Rasch versteckt Elli sich hinter einem Zweig. Sie beobachtet, wie sich die zwei Brüder glücklich umarmen.

»Das hast du ganz alleine für mich gebaut?«, ruft Jonte glücklich.

»Na ja, fast!«, sagt Jasper und blinzelt Elli zu. Und Elli blinzelt zurück.

17. Dezember

Die ganze Nacht hat Elli Siebenschläfer nach Kasi Hasi gesucht. Doch obwohl der Mond hell am Himmel schien, konnte sie ihn nirgends entdecken. Schließlich ist schon fast Weihnachten und bis dahin muss Kasi Hasi sein Geschenk haben. Sonst ist es gar kein Weihnachtsgeschenk mehr. Jetzt ist der Mond verschwunden. Stattdessen strahlt die Sonne hell und warm durch die dichten Zweige des Waldes. Da entdeckt Elli plötzlich vor sich einen schmalen Weg im Schnee. Sie folgt ihm neugierig.

Die Hamster und der Weihnachtsmarkt

Der Weg führt unter Büschen und Bäumen hindurch. Immer tiefer und tiefer geht es in den Wald hinein und gerade als Elli schon glaubt, dass er vielleicht niemals enden wird, sieht sie vor sich eine Gruppe Hamster. Aufgeregt tuschelnd und vor Freude quiekend, wandern sie eilig durch den Wald. Immer zwei Hamster gehen Hand in Hand nebeneinander und ganz vorne geht ein großer Hamster. Er scheint der Anführer zu sein, denn in seiner Pfote hält er einen langen Stab, an dessen Ende ein kleiner roter Apfel aufgespießt ist, damit ihn alle kleinen Hamster immer gut sehen können und niemand verloren geht.

»Sind wir bald da-aaa?«, ruft ein Hamster am Ende der Schlange.

»Ja! Gleich haben wir es geschafft!«, ruft der große Hamster.

Neugierig folgt Elli den Hamstern durch den Wald. Wohin sie wohl gehen?

Plötzlich ruft der große Hamster: »Wir sind da-aaaa!«

Und bevor Elli sich's versieht, sausen die quirligen Hamster auch schon los. Sie flitzen auf einen großen, schneebedeckten Laubhaufen zu. Davor stehen viele kleine Hütten und darin steht jeweils ein Hamster mit einer großen, roten Zipfelmütze auf dem Kopf.

»Glühpunsch! Leckerer Glühpunsch!«, ruft der eine Hamster.

»Mandeln! Gebrannte Mandeln!«, ruft ein anderer Hamster.

Die kleinen Hamster jedoch laufen zu Ellis Erstaunen an den Hütten vorbei. Stattdessen steuern sie ein Karussell an. Es ist über und über mit bunten Lichtern geschmückt und darin fahren viele bunte Holzpferde im Kreis. Als das Karussell stoppt, springen die Hamster auf die Rücken der Pferde.

»Los! Los!«, rufen sie.

Elli möchte das Karussell unbedingt ausprobieren. Also flitzt auch sie los und springt auf eines der Pferde. Es ist ein bisschen zu klein für sie, aber das stört sie nicht.

Immer und immer wieder geht es im Kreis herum. Die Hamster jauchzen und kreischen und auch Elli jauchzt und kreischt so laut sie kann.

Doch mit einem Mal stoppt das Karussell und Elli sieht vor sich einen runden Hamster mit einer roten Mütze auf dem Kopf.

»Kleines Siebenschläfermädchen, nur wer eine Fahrkarte hat, darf im Karussell fahren«, sagt er streng.

»Was kostet eine Fahrkarte?«, fragt Elli Siebenschläfer.

»Drei Nüsse, drei Eicheln oder drei Bucheckern«, sagt der Hamster.

»Aber ich habe keine Nüsse, keine Eicheln und Bucheckern habe ich auch nicht«, sagt Elli enttäuscht.

Der Hamster denkt nach. Dabei plustert er seine Wangen ein wenig auf. Schließlich sagt er:

»Wie wäre es, wenn du eine Weile für mich die Fahrkarten verkaufst? Und zur Belohnung darfst du mit dem Karussell fahren.«

»Einverstanden!«, ruft Elli glücklich.

Sie setzt sich die kleine, rote Mütze des Hamsters auf den Kopf und während er mit seinen Freunden im Laubhaufen einen Glühpunsch trinkt, verkauft Elli Fahrkarten. Als sie schließlich keine einzige Fahrkarte mehr hat, die kleine Hütte jedoch über und über mit Nüssen, Eicheln und Bucheckern gefüllt ist, kommt der runde Hamster zurück.

»Kleines Siebenschläfermädchen, du bist ja ein richtiges Verkaufstalent!«, ruft er begeistert. Als Dankeschön schenkt er Elli seine rote Zipfelmütze und sie darf so lange Karussell fahren, wie sie möchte.

»Hurra!«, ruft Elli und fährt los. Immer und immer wieder geht es im Kreis herum. Dabei geht die Sonne unter und Elli wird müder und müder. Als schließlich der Mond am Himmel erscheint, fallen ihr die Augen zu und sie schläft ein.

18. Dezember

An diesem Morgen wacht Elli Siebenschläfer zwischen den Holzpferden des Karussells auf. Rings um sie herum liegen zahlreiche Hamster, die tief und fest schlafen. Leise, um niemanden zu wecken, schleicht Elli aus dem Karussell heraus. Da hört sie ein lautes Kratzen. »*Krchhhhhh!*«, macht es. Was mag das sein? Neugierig folgt Elli dem seltsamen Geräusch und gelangt an einen großen, zugefrorenen See.

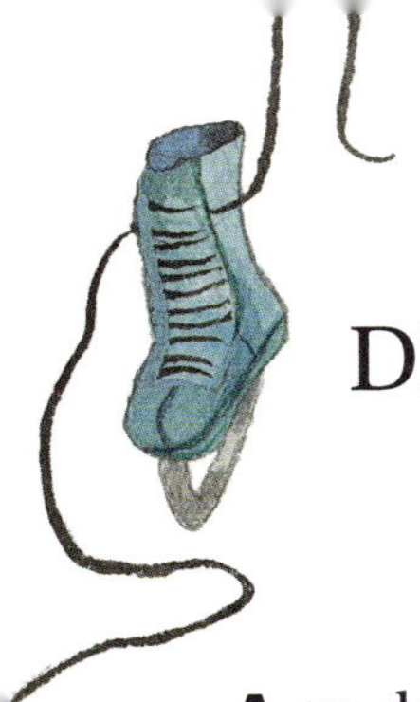

Die Enten und das Schlittschuhrennen

»Aus dem Weg!«

Gerade noch rechtzeitig kann Elli zur Seite springen. Im nächsten Moment düst eine Gruppe wild schnatternder Enten an ihr vorbei. Zu ihrem Erstaunen tragen sie höchst eigenartige Schuhe. Unter den Sohlen sind lange, silberne Stifte angebracht und darauf gleiten die Enten blitzschnell über das Eis. Einige halten sich an den Flügeln, andere drehen Kreise und zwei von ihnen machen sogar ein Wettrennen. Wie schnell sie sind!

Mit lautem Kratzen kommen sie vor Elli zum Stehen.

»Wer bist denn du?«, fragen die Enten vergnügt.

»Ich bin Elli Siebenschläfer«, sagt Elli und betrachtet die seltsamen Schuhe der Enten. Dann fragt sie neugierig: »Was macht ihr da?«

»Wir fahren Schlittschuh. Es ist herrlich!«, schnattern die Enten durcheinander. »Möchtest du mitfahren?«

»Au ja!«, ruft Elli. Doch da fällt ihr schlagartig Kasi Hasi ein und sie schüttelt den Kopf. »Ich habe leider keine Zeit. Ich suche nämlich Kasi Hasi. Ist er vielleicht bei euch?«

Die Enten schütteln schnatternd ihre Köpfe.

»Er ist bestimmt bei den Bibern!«, ruft eine Ente. Und eine andere fügt hinzu: »Aber das ist ein weiter Weg. Die Biber leben dort hinten!«

Die Ente zeigt mit einem ihrer Flügel zum gegenüberliegenden Ufer des riesigen Sees. Elli kneift die Augen zusammen. Das andere Ufer ist so weit weg, dass die Bäume aussehen, als wären sie winzige Ameisen.

»Vor Sonnenuntergang schaffst du es niemals bis dorthin!«, ruft eine Ente. Sie klopft ein wenig Eis von ihrem Schlittschuh und da hat Elli mit einem Mal eine Idee.

»Könntet ihr mir ein Paar Schlittschuhe leihen und zeigen, wie man darauf fährt? Dann bin ich viel schneller, als wenn ich laufe, und könnte es bis heute Abend schaffen.«

»Sehr gerne!«, rufen die Enten.

»Wir haben ein Paar Schuhe, das uns allen zu klein ist. Das schenken wir dir!«

Elli schlüpft in das Paar Schlittschuhe. Es passt wie angegossen. Sie kann es kaum erwarten, endlich loszufahren. Doch, oje, wie glatt das Eis unter ihr ist. Elli fällt auf den Bauch, dann auf den Po, dann auf die Knie. Zum Glück trägt sie ihren dicken, warmen Schafwollmantel, sodass es gar nicht wehtut.

»Du musst es immer wieder versuchen. Bald ist es ganz einfach«, erklärt ihr eine der Enten.

Tatsächlich. Nach einiger Zeit kann Elli alleine fahren. Sie fährt hin und her und schließlich sogar im Kreis herum. Das macht so großen Spaß, dass sie Kasi Hasi ganz und gar vergisst. Erst als die Sonne langsam untergeht, fällt er ihr wieder ein.

»Wir machen ein Wettrennen, dann kommst du vor Sonnenuntergang am anderen Ufer an!«, rufen die Enten.

Das lässt sich Elli nicht zweimal sagen.

»Drei, zwei, eins!«, rufen alle zusammen und los geht's! Blitzschnell sausen Elli und die Enten über das Eis. Das andere Ufer kommt näher und näher und kurz bevor sie es erreicht, versucht Elli zu bremsen. Doch, oje, sie ist zu schnell! Elli saust über einen kleinen Hügel und fliegt hoch durch die Luft in einen weichen Schneehaufen.

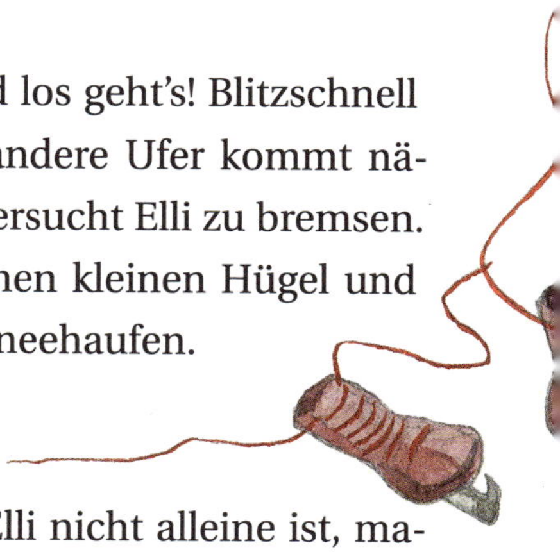

»Gewonnen!«, ruft sie glücklich.

Die Enten lachen.

Inzwischen ist es dunkel geworden. Damit Elli nicht alleine ist, machen sie es sich gemeinsam unter einem großen, schneebedeckten Busch gemütlich. »Morgen wirst du Kasi Hasi ganz bestimmt finden«, schnattern die Enten und decken Elli mit ihren warmen Flügeln zu. Doch Elli ist längst eingeschlafen.

19. Dezember

An diesem Morgen wird Elli Siebenschläfer von einem Kitzeln an der Nase geweckt.

»Ha-ha-ha-ha-hatschi!«, niest sie.

»Aufwachen, liebes Siebenschläfermädchen! Jetzt bringen wir dich zu den Bibern. Sie wissen bestimmt, wo du Kasi Hasi findest!«

Die Enten kitzeln Elli kichernd und schnatternd mit ihren Federn. Rasch verstaut Elli ihre Schlittschuhe in ihrem Rucksack und folgt ihnen bis zu einem kleinen Tannenwäldchen. Dort verabschieden sie sich voneinander und Elli ist alleine.

Die Biber und das Weihnachtsbaumschlagen

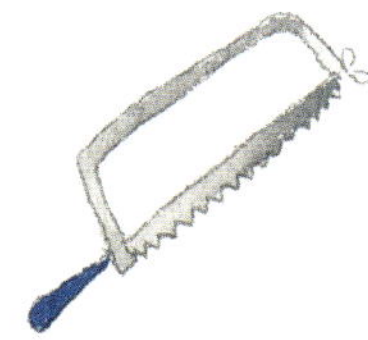

Knack-knack-knack! Knirsch! Krach!

Elli drückt sich die Pfoten auf die Ohren. Im nächsten Moment sieht sie nicht weit entfernt eine Tanne umstürzen.

»Hallo? Biber! Seid ihr da?«, ruft Elli Siebenschläfer.

Doch niemand antwortet. Stattdessen macht es erneut *»Knack-knack-knack! Knirsch! Krach!«* und eine weitere Tanne fällt um.

»Haaaaaalllo!«, ruft Elli. Da sieht sie plötzlich hinter den Tannen eine Bewegung. Dann schaut erst ein Wesen, dann ein zweites zwischen den Zweigen hervor. Das eine trägt einen gelben, das andere einen grünen Helm auf seinem runden Kopf. Elli bekommt einen kleinen Schreck, als sie die langen Schneidezähne der zwei Wesen sieht.

»Seid ihr die Biber?«, fragt Elli.

»Und ob wir das sind!«, sagen die Biber stolz.

»Wir sind Lappi und Schlappi, die besten Sägemeister des Waldes!«

Und zum Beweis klappern sie mit ihren blitzenden Zähnen.

Elli findet die beiden ein bisschen angeberisch. Trotzdem ist sie schrecklich neugierig. »Warum sägt ihr denn im Wald?«, fragt sie.

»Bald ist doch Weihnachten!«, ruft Lappi, der Biber mit dem gelben Helm.

»Und zu Weihnachten gibt es doch Weihnachtsbäume!«, ergänzt Schlappi, der Biber mit dem grünen Helm.

»Weihnachtsbäume? Was ist das?«, fragt Elli.

»Du kennst keine Weihnachtsbäume? Na, so was!«, rufen Lappi und Schlappi. Elli erzählt ihnen, dass sie normalerweise im Winter tief und fest schläft und deshalb die vielen Weihnachtsbräuche nicht kennt. Da erklären ihr die Biber, was es mit den Weihnachtsbäumen auf sich hat.

»Eigentlich sind Weihnachtsbäume Tannenbäume!«, erklärt Lappi.

»Aber wenn man einen Tannenbaum schmückt, wird daraus ein Weihnachtsbaum!«, ergänzt Schlappi.

»Und ihr sägt die Bäume ab und verkauft sie?«, fragt Elli.

Die beiden Biber nicken stolz.

»Dann kennt ihr bestimmt Kasi Hasi!«, ruft Elli aufgeregt.

Lappi und Schlappi denken eine Weile nach. Dann schütteln sie ihre Köpfe.

»Tut uns leid, einen Kasi Hasi kennen wir leider nicht. Aber er wird sicherlich kommen, um einen Baum zu kaufen!«, sagt Lappi.

»Das machen nämlich alle Tiere des Waldes!«, ergänzt Schlappi.

»Dann warte ich hier auf ihn. Kann ich euch so lange bei der Arbeit helfen? Warten ist nämlich sehr langweilig«, sagt Elli.

Die Biber sind einverstanden. Elli bekommt einen blauen Helm und weil sie nicht so scharfe Zähne hat, bekommt sie eine kleine Säge zum Sägen. Damit geht es fast genauso gut. Anschließend verkaufen sie die Tannenbäume an die Tiere des Waldes. Zwei Kaninchen, ein Igel und sogar ein Uhu kommen vorbei. Doch Kasi Hasi ist nicht dabei.

Da ist Elli mit einem Mal schrecklich traurig.

»In fünf Tagen ist Weihnachten und ich habe Kasi Hasi noch immer nicht gefunden!«, ruft sie verzweifelt.

»Gib nicht auf, Elli Siebenschläfer!«, sagt Lappi.

»Denn wenn du aufgibst, wirst du Kasi Hasi ganz sicher nicht finden!«, sagt Schlappi.

Damit Elli nicht mehr traurig ist, schenken sie ihr einen besonders schönen Tannenzweig und richten ihr ein besonders kuscheliges Bett in ihrem Bau her.

»Denn nur wer ausgeschlafen ist, kann am nächsten Tag frisch und mutig weitersuchen«, sagen die zwei Biber.

Da ist Elli mit einem Mal gar nicht mehr traurig. Ja, sie wird Kasi Hasi finden. Ganz bestimmt. Und während sie das denkt, schläft sie ein.

20. Dezember

Als Elli Siebenschläfer an diesem Morgen wach wird, sind die zwei Biber längst wieder bei der Arbeit. Stattdessen steht ein riesiger, zotteliger Bär vor ihr und schaut sie mit seinen großen, freundlichen Augen an. »Ich bin Rufus. Ich habe einen Weihnachtsbaum gekauft. Hilfst du mir dabei, ihn in meiner Höhle zu schmücken?«, brummt der Bär.

Elli überlegt eine Weile. Einen echten Weihnachtsbaum möchte sie zu gerne sehen. Und danach sucht sie weiter nach Kasi Hasi.

»Nichts lieber als das!«, antwortet Elli schließlich.

»Auf geht's!«, ruft Rufus. Gemeinsam machen sie sich auf den Weg.

Rufus Bär und der funkelnde Weihnachtsbaum

Der Weg zur Bärenhöhle ist weit und sehr, sehr anstrengend. Denn Elli hat viel kürzere Beine als der Bär. Sie muss rennen, während Rufus gemütlich schlendert. Also setzt Rufus Elli auf seine Schultern und trägt sie und den Tannenbaum zu seiner Höhle hinauf. Von dort aus kann Elli den ganzen Wald überblicken. Er ist über und über mit Schnee bedeckt, als habe ihn jemand in eine große, weiße Decke eingekuschelt, in der er ruhig und zufrieden schläft.

»Oh, Bär, wie schön das ist!«, staunt Elli.

»Ja«, sagt Rufus Bär und stellt den Baum ab.

»Ich stelle mir jedes Jahr den Wecker, damit ich Weihnachten nicht verschlafe«, brummt er zufrieden und winkt Elli in seine Höhle. »Und jetzt machen wir es mit unserem Weihnachtsbaum noch schöner!« Neugierig folgt Elli ihm. Er öffnet einen großen Schrank, in dem unzählige silbern funkelnde Kisten übereinandergestapelt sind. Eine Kiste nach der anderen trägt der Bär aus der Höhle. Darin sind viele Sterne, Kugeln, kleine Figuren und Lametta.

»Schmücken wir damit den Weihnachtsbaum?«, ruft Elli entzückt.

»Oh ja!«, brummt Rufus.

»Aber dafür brauche ich deine Hilfe. Meine Pranken sind nämlich viel zu groß, um die winzigen Dinge an den Baum zu hängen!«

»Das mache ich gerne!«, ruft Elli.

Sie nimmt einen Stern und eine goldene Kugel, klettert auf die Schultern des Bären und schmückt von dort aus die Zweige. Dann hängt sie einen kleinen Engel dazu sowie viele, viele Lamettafäden. Es dauert den ganzen Tag und als es zu dämmern beginn, sind alle Kisten leer.

Der einfache Tannenbaum hat sich in einen prächtigen Weihnachtsbaum verwandelt.

»Oh, Rufus, wie schön er ist!«, ruft Elli glücklich. Noch niemals in ihrem ganzen Leben hat sie einen so prächtigen Baum gesehen.

»Und jetzt kommt das Beste. Jetzt spielen wir nämlich Cowboy!«, brummt der Bär.

»Cowboy? Was hat denn ein Cowboy mit Weihnachten zu tun?«, fragt Elli verwundert.

»Eine ganze Menge!«, antwortet der Bär mit blitzenden Augen.

Er holt eine weitere Kiste aus der Höhle nach draußen. Diese Kiste ist strahlend gelb und darin befindet sich eine lange Lichterkette. Rufus holt sie heraus und wirbelt sie wie ein Lasso um seinen Kopf herum. Dabei brüllt er, so laut er kann: »Yippieh-yippih-yeah!«

Und die Lichterkette wirbelt schneller und schneller. Schließlich lässt der Bär die Kette los. In hohem Bogen fliegt sie durch den blauen Himmel. Dann wickelt sie sich wie von Geisterhand um den Weihnachtsbaum herum.

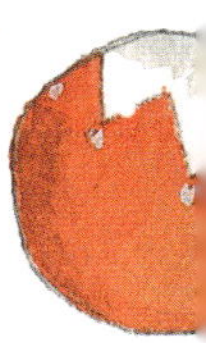

»Auf diesen Moment habe ich mich schon das ganze Jahr gefreut!«, flüstert er. Wie verzaubert betrachtet Elli mit Rufus den leuchtenden Weihnachtsbaum. Nach einer Weile sagt Rufus: »Danke, Elli, für deine Hilfe. Der Baum war noch nie so schön!«

Und zur Erinnerung an diesen besonderen Tag schenkt er Elli ein Büschel glitzerndes Lametta. Als sie es in ihren Rucksack steckt, sieht sie das Geschenk für Kasi Hasi. Wie konnte sie das bloß wieder vergessen?

»Weißt du, wo Kasi Hasi ist?«, fragt sie.

»Krrrrrrrr!«, macht der Bär. Als Elli sich zu ihm umwendet, sieht sie, dass er unter dem Weihnachtsbaum liegt und tief und fest schläft. Im Dunkeln möchte Elli nicht nach Kasi Hasi suchen. Also kuschelt sie sich zum Bären. Und während sie die funkelnden Lämpchen über sich zählt, schläft sie ein.

21. Dezember

Als Elli Siebenschläfer an diesem Morgen ihre Augen öffnet, sieht sie, dass der große Bär noch immer neben ihr unter dem Weihnachtsbaum vor der Bärenhöhle schläft. »Krrrrrr!« und »Pfffffff!«, schnarcht er. »Aufwachen, Rufus!«, ruft Elli. Doch der Bär wird und wird nicht wach. Da huscht plötzlich eine kleine Maus an ihr vorbei. Ob sie wohl weiß, wo Kasi Hasi wohnt? Neugierig folgt Elli der Maus durch den Schnee.

Melli Maus und die Krippe

Warte! Nun warte doch!«, ruft Elli.

Doch die Maus denkt gar nicht daran. Im Zickzack flitzt sie den verschneiten Berg hinab und ist so flink und schnell, dass Elli ihr kaum folgen kann. Also legt sie sich auf den Bauch, drückt sich kräftig mit den Pfoten ab und rutscht hinter der Maus her.

Hui! Wie schnell sie mit einem Mal ist! Als die Maus sieht, dass Elli sich ihr nähert, legt sie sich ebenfalls auf den Bauch und rutscht im Slalom zwischen den Steinen und Felsen den Berg hinab. Schließlich witscht sie über einen Stein, fliegt durch die Luft und verschwindet hinter einem kleinen Busch. Als Elli dort bremst, sieht sie ein Loch im Schnee. Ein Mauseloch! Leise zwängt sie sich in den Schneehügel hinein. Hinter dem Mauseloch befindet sich ein langer Gang. Elli schlüpft hindurch und kommt schließlich in einer kleinen Höhle an. In deren Mitte steht ein Tischchen. Darauf stehen viele kleine Figuren aus Holz: ein Esel, ein Ochse, ein Hund und viele Schafe. Außerdem eine Frau, ein Mann und ein kleines Baby.

»Bitte tu mir nichts!«, hört Elli plötzlich eine piepsige Stimme. Erst jetzt bemerkt sie die Maus. Sie steht mit dem Rücken zur Wand und schaut sie mit großen, erschrockenen Augen an. In ihren Pfoten hält sie ein kleines Bündel Stroh.

»Keine Angst!«, sagt Elli. »Ich tue dir nichts. Ich suche Kasi Hasi. Bist du das vielleicht?«

Erleichtert schüttelt die Maus den Kopf. »Ich bin Melli und ich dachte, die Rehe hätten gepetzt und du wärst deshalb hinter mir hergelaufen. Ich habe nämlich ein wenig Stroh aus ihrer Futterraufe stibitzt. Das brauche ich für meine Krippe!«

»Krippe? Was ist denn eine Krippe?«, fragt Elli neugierig.

Von einer Krippe hat sie noch nie etwas gehört.

»Na, das da!«, ruft die Maus und zeigt zu den Holzfiguren auf dem Tischchen. Neugierig geht Elli ein wenig näher heran.

»Das ist ein Stall«, erklärt Melli.

»Darin lebten einst ein Ochse und viele Schafe. Außerdem ein Hund, der musste ja auf die Schafe aufpassen. Eines Nachts haben die Stallbewohner Besuch bekommen. Es waren eine Frau namens Maria und ein Mann namens Joseph und ein Esel. Sie hatten keinen anderen Ort, an dem sie schlafen konnten. In dieser Nacht hat Maria ein Baby bekommen und sie haben es Jesus genannt. Damit er es warm und kuschelig hatte, haben sie ihn in eine Futterkrippe mit viel Stroh gelegt. Es kamen dann noch drei Könige und Hirten, um Jesus auf der Welt zu begrüßen.«

Die Maus füllt das Stroh in einen halben, ausgehöhlten Ast und legt die kleine Babyfigur hinein.

Elli betrachtet die Krippe mit den Schafen, dem Ochsen, dem Hund, dem Esel, dem Mann, der Frau und dem Baby.

»Was für eine schöne Geschichte«, sagt sie leise.

»Jetzt hast du zwar Kasi Hasi nicht gefunden, aber dafür weißt du nun, was ein Krippe ist!«, ruft die Maus. Damit Elli die Weihnachtsgeschichte nie wieder vergisst, schenkt sie ihr zur Erinnerung ein kleines Holzschäfchen.

»Danke, liebe Melli!«, sagt Elli und steckt das Schäfchen in ihren Rucksack. Sie will das Mauseloch verlassen, doch da sieht sie, dass es draußen bereits dunkel geworden ist. Also beschließt sie, Kasi Hasi am nächsten Tag zu suchen. Ob sie ihn dann endlich finden wird?

22. Dezember

An diesem Morgen ist Elli Siebenschläfer schon vor den ersten Sonnenstrahlen wach. Sie ist aufgeregt und zappelig. Nur noch zweimal schlafen, dann ist Weihnachten! Höchste Zeit also, dass sie endlich Kasi Hasi findet. Rasch verabschiedet sich Elli von der Maus und macht sich auf den Weg. Sie gelangt an ein großes, schneebedecktes Feld, auf dem nur ein einziger, hoher Baum steht.

Emilius Specht und der Schneeengel

»Tock! Tock! Tock!«, macht es. Als Elli nach oben schaut, sieht sie über sich einen Vogel. Hektisch hämmert er mit seinem langen Schnabel auf den Baumstamm ein. An seinem roten Schopf auf dem Kopf kann Elli erkennen, dass es ein Specht ist.

»Ich bin Emilius Specht! Und ich will, will, will, dass endlich Weihnachten ist!«, ruft der Specht wütend.

»Und ich bin Elli Siebenschläfer! Guten Morgen!«, ruft Elli.

Emilius Specht hört auf zu hämmern und schaut Elli verwirrt an.

»Ein Siebenschläfermädchen im Winter! Wie kann das sein? Oje, oje, jetzt sehe ich vor lauter Ungeduld schon Gespenster!«

Der Specht hämmert erneut gegen den Baumstamm, dann legt er erschöpft seine Wange daran, rutscht am Stamm hinab und landet neben Elli im Schnee.

»Es soll endlich Weihnachten sein. Ich halte es nicht mehr aus!«, stöhnt Emilius. Er wirft sich hin und bewegt verzweifelt die Flügel auf und ab. Anschließend springt er auf und flattert auf den Baum zurück. Elli jedoch sieht verwundert zu der Stelle, an der Emilius gerade noch im Schnee gelegen hat.

»Schau mal! Schnell!«, ruft Elli. »Du bist ein Engel!«

»Ein Engel?«

Emilius Specht flattert vom Baum zurück und schaut verblüfft auf den Abdruck im Schnee. Tatsächlich. Dort, wo er gelegen und seine Flügel bewegt hat, ist nun ein Engel zu sehen!

»Na, so was! Das muss ich sofort noch einmal versuchen!«, ruft Emilius.

Und ehe Elli sich's versieht, liegt er auch schon wieder rücklings im Schnee und bewegt seine Flügel auf und ab. Wieder hinterlässt er den Abdruck eines wunderschönen Engels. Das möchte Elli unbedingt auch ausprobieren! Also legt sie sich ebenfalls in den Schnee und bewegt ihre vier Pfoten auf und ab. Als sie wieder aufspringt, hat auch sie eine Figur hinterlassen. Doch was ist das?

»Deine Abdrücke sehen nicht aus wie ein Engel. Sie sehen so aus wie zwei Engel!«, ruft Emilius erstaunt.

Tatsächlich! Weil Elli vier Pfoten hat, hinterlässt sie auch vier Engelsflügel im Schnee! Was für ein Spaß! Elli und Emilius werfen sich abwechselnd in den Schnee und bewundern ihre Abdrücke. Am Abend ist das ganze Feld über und über mit Engeln bedeckt. Stolz betrachten die beiden die vielen Kunstwerke im Schnee.

»Warum schläfst du eigentlich nicht?«, fragt Emilius plötzlich.

»Weil ich …«, beginnt Elli und erschrickt. Kasi Hasi! Den hatte sie vor lauter Freude ganz und gar vergessen!

»Weißt du, wo Kasi Hasi wohnt?«, fragt sie.

Emilius Specht denkt eine Weile nach. Es kommt Elli vor wie eine Ewigkeit. Genau in dem Moment, als sie denkt, dass er wie alle anderen Tiere den Kopf schütteln wird, beginnt er zu grinsen. Dann nickt er und sagt: »Ich weiß, wo Kasi Hasi wohnt. Morgen bringe ich dich zu ihm.«

»Hurra!«

Vor lauter Freude drückt Elli Emilius einen dicken Kuss auf den Schnabel. Und für einen kurzen Moment kommt es ihr so vor, als würde sein roter Federschopf noch röter leuchten als zuvor. Ja, morgen wird sie Kasi Hasi endlich finden. Hurra!

23. Dezember

Eilig folgt Elli Siebenschläfer Emilius Specht durch Wälder, Wiesen, über Hügel und zwischen hohen Felsen hindurch. Schließlich kommen sie in einem Wald an. Emilius landet auf einem Baumstumpf und ruft:

»Wir sind da-aaa!«

Elli schaut erstaunt zu den schneebedeckten Baumwurzeln vor sich. Dazwischen ist ein rundes Loch. Es ist der Eingang zu einer Höhle. Zu ihrer Höhle! Hier hat ihre Reise begonnen. Hier hatte sie das Geschenk für Kasi Hasi gefunden!

Kasi Hasi bekommt sein Geschenk

Aber, Emilius, hier ist doch mein Zuhause und nicht das von Kasi Hasi!«, ruft Elli.

»Tatsächlich? Was für ein Zufall! Dann ist Kasi Hasi ja dein Nachbar. Wusstest du das etwa nicht?«, fragt der Specht.

Elli schüttelt den Kopf. Sie schaut sich um. Alles um sie herum ist von einer dicken Schneeschicht bedeckt. Das Zuhause von Kasi Hasi kann sie jedoch nirgends erkennen.

»Wo wohnt er denn?«, fragt Elli neugierig.

»Na dort!«, sagt der Specht und zeigt mit seinem Flügel zu einem schneebedeckten Berghang. Davor steht ein kleines Iglu. Es ist so weiß, dass Elli eine Weile braucht, um es vom Schnee ringsherum zu unterscheiden. Kein Wunder, dass es ihr nicht aufgefallen war!

»Viel Glück!«, ruft Emilius. Dann flattert er schnell zu seinem Zuhause zurück. Elli dagegen stapft neugierig auf das Iglu zu. Dort angekommen, entdeckt sie an der Seite eine kleine, weiße Tür. Darauf steht in verschnörkelten goldenen Buchstaben: *»Hier wohnt Kasi Hasi.«*

Mit pochendem Herzen klopft Elli an die Tür.

»Hallo? Ist jemand zu Hause?«, ruft sie.

»Natürlich! Nur herein, nur herein!«, antwortet eine heitere Stimme.

Im nächsten Moment ist ein Hoppeln zu hören und ein Hase öffnet mit Schwung die Tür. Zu Ellis Erstaunen ist er schneeweiß. Nur seine Augen sind blau und seine platte Nase schimmert ein wenig rosafarben.

»Bist du Kasi Hasi?«, fragt Elli.

»Ja, der bin ich! Sehr gerne sogar!«, strahlt der Hase.

Neugierig betrachtet er Ellis rote Zipfelmütze auf dem Kopf. Dann ihren langen Mantel und schließlich ihren prall gefüllten Rucksack auf dem Rücken. Seine Augen werden größer und größer und schließlich flüstert er entzückt: »Bist du etwa der Weihnachtsmann?«

»Wer ist das, der Weihnachtsmann?«, fragt Elli neugierig.

Sie hat auf ihrer langen Reise von Weihnachtsliedern, Adventskränzen, dem Christuskind und vielen Dingen mehr etwas erfahren. Aber von einem Weihnachtsmann hat sie noch nie etwas gehört.

»Du kennst den Weihnachtsmann nicht? Dann erkläre ich es dir! Der Weihnachtsmann trägt einen langen Mantel und eine rote Mütze. Und auf dem Rücken hat er einen großen Sack mit vielen Geschenken. Genauso wie du!«, ruft der Hase.

Elli schaut an sich herab. Tatsächlich, Kasi Hasi hat recht: Sie trägt einen langen Mantel, hat eine rote Zipfelmütze auf dem Kopf und auf dem Rücken einen großen Rucksack mit vielen Geschenken. Da beginnt sie zu kichern und sagt: »Ich bin nicht der Weihnachtsmann. Aber ich habe trotzdem ein Geschenk für dich!«

Elli wühlt in ihrem Rucksack und zieht das Geschenk für Kasi Hasi heraus. Nach der langen Reise ist es ein wenig zerdrückt, aber noch immer ist es eckig wie ein Würfel, bunt wie ein schillernder Schmetterling und umwickelt mit einer großen, roten Schleife. Kasi Hasi liest, was auf dem Zettel steht, der daran hängt: *»Für Kasi Hasi zu Weihnachten.«*

»Danke!«, ruft er entzückt. »Ist es von dir?«

Da erzählt ihm Elli, dass sie das Geschenk vor ihrer Höhle gefunden hat. Sie berichtet Kasi Hasi von ihrer aufregenden Reise und von den vielen Tieren, denen sie dabei begegnet ist. Als sie endet, schaut Kasi Hasi sie mit leuchtenden Augen an.

»Du hast mich wirklich überall gesucht, um mir mein Geschenk zu bringen?«

Elli nickt.

Da umarmt Kasi Hasi Elli und ruft:

»Das müssen wir feiern!«

Und Elli weiß auch schon wie.

24. Dezember

Die ganze Nacht haben Elli Siebenschläfer und Kasi Hasi Ellis Höhle geschmückt. Dabei waren sie sehr, sehr leise, um Ellis Eltern nicht zu wecken. Es soll nämlich eine Überraschung werden. Jetzt sind sie fertig und das Fest kann beginnen. Endlich! Denn heute ist Weihnachten!